www.tredition.de

AF196867

Andreas Kessler (*1967), Theologe und Do-
zent für Religionspädagogik, Bern (CH)

für Maya

Andreas Kessler

immanieren

Skizzen einer Religion der Immanenz Gottes
in jesuanischer Tradition
ein Essay

www.tredition.de

© 2012 Andreas Kessler

Verlag: tredition GmbH, Hamburg

ISBN: 978-3-8491-8381-3

Printed in Germany

Bibliografische Information der Deutschen Nationalbibliothek:

Die Deutsche Nationalbibliothek verzeichnet diese Publikation in der Deutschen Nationalbibliografie; detaillierte bibliografische Daten sind im Internet über http://dnb.d-nb.de abrufbar.

Inhaltsverzeichnis

1. Religion 7
2. Kleine Narration über den Menschen...............................8
3. Fallen: Transzendenz und Projektion 14
4. Narrationen über Gott...16
   Exkurs: Abgrenzungen..24
5. Zusatz: unabgegolten, unbedingt, unverfügbar?.........27
6. Immanenz - immanieren 30
7. Grenze 35
8. Narrativer Körper...37
9. Grosse und grossartige Erzählungen..............................41
10. Jesus..44
11. Kompostieren des Christlichen..47
12. Religion: *da capo* 53
13. Ausblick: Religionspädagogische Landschaften..........57

Vorwort

Ich entwickle im vorliegenden Essay ametaphysische und atranszendente Interpretationen rund um Mensch, Religion und Gott. Es ist insgesamt ein tastender Versuch Gott, Christentum und Religion innerhalb von Immanenz zu denken, ein weiteres Fragment theologischer Spurensuche, eine hypothetische Skizze, eine ungefähre Auslegeunordnung. Ich argumentiere oft nicht, sondern proklamiere Interpretationen, inszeniere auf meine Weise religiöse Rede, insgesamt eher experimentelle *confessio* als *tractatus*. Trotz des deklamatorischen Stils ist das Ganze als Anfrage, als Hypothese zu lesen. Die skizzierte Hypothese ist noch unausgegoren, die Arbeit am Begriff eher flüssig als fest, Widersprüche allenthalben.

Der Essay ist in religionspädagogischer Absicht verfasst worden, quasi als Prolegomena; als Versuch, das postmetaphysische Weltbild vieler Jugendlicher ernst zu nehmen und theologisch zu verarbeiten. Ein entsprechendes didaktisches Szenario ist noch nicht in Sicht, wenige Ausblicke müssen genügen.

Das Büchlein verzichtet bewusst auf akademische Schreibkultur und die entsprechende Zitierweise. Der Essay ruht auf einer Vielzahl von (unsystematischen und – ich gebe es zu – bisweilen nicht verstandenen, aber inspirierenden) Lektüren, auf deren Autoren ich z.T. verweise.

Dem Text sind einige wenige Lieder in Berndeutsch eingestreut, Lokalkolorit als wichtige Spuren meiner Lebenslandschaft. Sie waren meine Begleiter während des Schreibens und Abhangens. Sie umkreisen musikalisch Momente des Immanierens und des Immanentseins, sie bilden kleine, grossartige Narrative aus dem Bereich sinnierender Unterhaltung.

Andreas Kessler

Ostermundigen, am 25.12.12., zum Fest der Fleischwerdung, der Immanenz zum Geburtstag von Mira Maria Magdalena

1. Religion

Wenn es um Religion geht, dann müssen wir beim Menschen beginnen. Der Mensch macht die Religion, sie ist sein kulturelles Produkt, ähnlich der Komposition eines Liedes, dem Malen eines Bildes oder dem Austüfteln eines Spiels, nur komplexer. Wir können ohne wenn und aber sagen, dass Religion eine *Erfindung* der Menschen ist. Erfindung und Religion scheinen jedoch nicht gut zueinander zu passen, die Frage wird sofort laut: Was, „nur" Erfindung? Mit diesem „nur" meint man: dann kann Religion nicht „wahr" sein, dann ist sie nur menschlich und gar nicht „göttlich", dann ist sie nicht „echt". Ich werde zu zeigen versuchen, dass es gerade umgekehrt ist: weil und wenn Religion ein von den Menschen gemachtes, kulturelles, erfundenes Phänomen darstellt und als solches verstanden wird, ist sie menschenfreundlich – oder sollte es zumindest sein. Und auch möchte ich zeigen, dass Religion sogar eine notwendige, weil den Menschen menschlich machende Erfindung ist, oder schöner: eine Komposition.

Die Frage, die sich stellt, lautet also: Warum erfinden und komponieren die Menschen Religion und Religionen, ja warum ist für sie Religion lebensnotwendig? Um das beantworten zu können, wollen wir den Menschen kurz betrachten, ihn anfangshaft und grob anthropologisch skizzieren. Insbesondere wollen wir ausloten, was denn insofern typisch am Menschen ist, dass er Religionen erfindet. Denn Eines scheint offensichtlich: ausser den Menschen haben keine Kreaturen der uns bekannten Welt so etwas wie Religion ersonnen.

2. Kleine Narration über den Menschen

Der Mensch ist ein *denkendes Wesen*. Denken meint das Vermögen, selbstbezüglich zu sein, sich zu sich selber zu verhalten, zu sich auf Distanz zu gehen, sich zu spiegeln (*re-flectere*), kurz sich zu fragen: Wer bin ich? Aber allein diese Frage stürzt mich in den dunkelsten Abgrund, sie bleibt lebenslang offen und letztlich unzugänglich, der Mensch ist und bleibt (sich selbst) fragwürdig, sich selbst unverfügbar. Ich kann und soll diese grosse Frage bearbeiten: Gedichte schreiben, Bilder malen, Musik komponieren, anderen Menschen meine Geschichte erzählen, psychoanalytisch verfahren etc. etc. Dabei komme ich mir auf die Spur, entwerfe ungefähre Bilder meiner selbst, aber beantworten kann ich die Frage nie (geschweige denn beim Blick in den Anderen). Zum Glück. Gäbe es nämlich auch nur auf diese Frage eine endgültige (das hiesse nämlich ewige!) Antwort, so wäre ich kein Mensch, kein Endlicher, kein Begrenzter, kein mir ursächlich Entzogener, kein narrativer Körper mehr.

Als denkendes Wesen leidet der Mensch an chronischem *Wahrheitsmangel* (Zillessen). Der unaufhebbare Mangel des denkenden Menschen spitzt sich in der Wahrheitsfrage zu. *Die* Wahrheit ist schlicht nicht zu haben, sie ist nicht einmal denkbar. Auch der unbeholfene Versuch, Wahrheit nur noch im Plural gelten zu lassen, macht die Sache nicht besser. Selbst wenn Wahrheit zu erfahren, zu finden oder zu offenbaren wäre (wie viele Religionen verkünden), sie fände im Menschen keinen adäquaten Adressaten. Der Mensch in seiner Endlichkeit, in seiner Grenzexistenz kann nichts als Wahrheit behaupten, ausser er verrät, untergräbt, überspielt oder illusioniert seine Kondition. Wortreich Wahrheit in die Welt zu setzen ist nichts anderes als Gewalt, die sich absolutistisch aufspielt. Rekurs auf sogenannt gespürte, intuitive, erfahrene Wahrheit ist narzisstische Überschätzung, Sentimentalität mit dem Pathos der Tiefe. Denn gäbe es *die* Wahrheit, würde nur *eine* mögliche Interpretation von Existenz offen stehen. Oder eigentlicher: es wäre keine Interpretation mehr, sondern reine Verfügung, Zwang, Marschbefehl. Der Mensch als endlicher Interpret, als Deuter seiner Existenz würde suspendiert, kassiert.

Der an Wahrheitsmangel leidende Mensch ist folglich prinzipiell *orientierungslos*. Was gilt? Diese Frage findet (heute) keine Antwort (mehr), denn es ist nicht von der Hand zu weisen: *anything goes*. Oder: Was in der heutigen pluralistischen Gesellschaft akut zu Tage tritt, ist dem endlichen Menschen inhärent: die Möglichkeiten unterschiedlichster (weltanschaulicher, ästhetischer, moralischer, politischer etc.) Orientierungen. Doch es sind keine Orientierungen, deren Ziel etwas Wesentliches sein könnte. Weder die Gerechtigkeit, die Freiheit oder das Schöne und Gute (diese Maskerade des Bildungsbürgertums) werden sich je realisieren, denn sie entbehren jeglicher Existenz, sie sind inhumane Konstrukte, Substanzchimären. Dasselbe gilt selbst für die Liebe. Wer dennoch mit dem Pathos der Leidenschaft oder der Wut nach Gerechtigkeit und Liebe strebt, ja für sie kämpft, verrennt sich früher oder später in den Sackgassen der Ideologie und des Fundamentalismus. Dennoch: der in der prinzipiellen Unentscheidbarkeit Orientierungslose muss sich entscheiden, es gilt, sich zu positionieren, sich auszurichten. Der Mensch ist notwendigerweise Entschiedenheit; er ist dies im Gewand des Narrativen.

Irgendwie muss sich der Mensch in seiner Welt einrichten. Hierfür greift er auf Skripte, Zeichen und Symbole aller Art zurück, die ihn trotz Orientierungslosigkeit einigermassen leben lassen. Er produziert, übernimmt und adaptiert *Narrationen* (im weitesten Sinn vom einfachen Klischee bis zur hochkomplexen Liturgie) und sucht sich in ihnen, mit ihnen und durch sie seinen Platz in der Welt und in einem Kollektiv. Der Mensch ist ein narrativer Körper, ein sich erzählender Organismus, dies als qualitativer Unterschied zu den Tieren (wobei hier die Grenze fliessend ist: die quantitativen Unterschiede schlagen in qualitative um). Die Narrationen des Menschen als Interpretationen von Existenz beinhalten alles: Politik, Moral, Wissenschaft, Ökonomie, Kunst und nicht zuletzt Religion.

In den Narrationen bricht nicht selten die *Sehnsucht* nach einer grossen Erzählung, nach einer Welterklärung aus. Diese Sehnsucht ist gleichzeitig *Sinnsucht* als Überschreiten der menschlichen Begrenztheit hin auf ein grosses Ganzes ausserhalb menschlicher Kondition (das Versöhnungsgeschehen in Christus, der Koran als Wort Gottes): Sinn ohne Sinngrenze (Sinngrenze in einer sehr schwachen Form). Doch selbst eine Sinngrenze verweist ihrerseits nicht auf einen Sinngrund, sondern sie bleibt Grenze und ist als Grenze zu denken. Wir werden nicht durch seienden Sinn ermöglicht (Rentsch), sondern wir konstruieren und komponieren lebbare Narrationen (am besten) ohne grosse Prätention, höchstens in der Art: das macht Sinn (bei heissem Wetter in den kühlen Fluss zu steigen, sich vom Mythos von Daedalus und Ikarus inspirieren zu lassen). Die Sinnsucht aber muss in die Entzugsklinik des Endlichen, des Fragmentarischen, des Möglichkeitsraumes. Der Mensch ist vielmehr sinnlos, er entbehrt aufgrund seiner Kondition des Sinns, selbst wenn ihm im Rahmen seiner kleinen und grossartigen (nicht aber grossen) Erzählungen das eine oder andere durchaus sinnvollerweise sinnvoll (oder besser: angemessen, lebbar, menschenfreundlich) erscheint.

Besonders dringlich wird für den Menschen die Sehnsucht als Sinnsucht angesichts seiner Existenz zum Tod, seiner *Todesangst*. Die dem *homo sapiens sapiens* zugemutete Frechheit, über seine Sterblichkeit bestens informiert zu sein, generiert ein nur schwer tragbares Grenzbewusstsein. Wenig verwunderlich, ist die Versuchung der Verdrängung oder illusionären, religiösen Annihilierung des Todes omnipräsent. Besonders ärgerlich: gegen den Tod als Tod lässt sich nichts machen. Es gibt gegen ihn keine Strategie, nur eine Frage: Gibt es ein Leben vor dem Tod? Ansonsten gilt es zu singen: *Tout doit disparaître…*

Die Todesangst ist Teil der *passiven Grundstruktur* des Menschen. Im Anfang und Ende unseres Lebens wird die Passivität akut sichtbar: Wir werden geboren und wir werden gestorben. Die Bedingungen der Möglichkeiten unseres Lebens sind uns entzogen. Ja schon nur dass wir sprechen, denken und handeln ist ebenso selbstverständlich wie unerklärlich, weil unverfügbar. Aber all dies sagt nicht mehr, als dass wir als Erleidende, als Patienten die wichtigsten Ereignisse unseres eigenen Lebens nicht im Griff haben und auch sonst Vieles als unverhofften, verwirrenden, schwer einzuordnenden Schlag ins Gesicht bekommen:

Ds Läbe mängisch e Schlag i ds Gsicht isch
u du merksch wie dä schwach wirsch
ds Läbe mängisch e Schlag i ds Gsicht isch
u dr Bode unger dir wägbricht
ds Läbe mängisch e Schlag i ds Gsicht isch
u du merksch wie dä schwach wirsch
ds Läbe mängisch e Schlag i ds Gsicht isch
besser luegsch, dass trotzdäm nid ufgisch

(Refrain des Liedes „Amok"; Text: Kutti MC=Jürg Halter, Musik: Halter/Eicher/Kalker/Baumann)

Letztlich steht wenig bis nichts in unserer Verfügung, weil uns Entscheidendes vorangeht und überlebt. Die Gegenwart ist schwerlich in den Griff zu bekommen, Herkunft und Zukunft bleiben verschlossen, ein erstes wie ein letztes Wort bleibt uns versagt (Waldenfels). Anfang und Ende sind allein narrativ zu konstruieren und zu bearbeiten. Dabei zeigt sich der Mensch überaus aktiv, kreativ, erotisch, plastisch.

Der Mensch hat eine *erotische Grundstruktur*. Eros ist das Begehren in Form der tätigen Narration, der Schaffenstrieb, die Kreativität, die Kulturkraft. Diese Kraft ist ebenso beglückend wie zerstörerisch. Wir wissen z.B., dass gerade der Bau der grössten Kulturdenkmäler (von den Pyramiden bis zu den Kathedralen und heutigen Megatowers) mit grösstmöglicher Barbarei Hand in Hand geht. Der Eros ist nie zu befriedigen, er kennt keine Grenzen, er versucht zu überschreiten, was nicht zu überschreiten ist, durch Wiederholung, Adaptation und Innovation. Der serielle Sex des Pornos z.B. ist der Eros der Verzweiflung, der Versuch durch Wiederholung einen flüchtigen Zustand einzufangen, diesen verzweifelt zu aeternalisieren. Zwar gelingt es dem Eros durch Bild, Film, Geschichten, Architektur, Ökonomie(!) etc. ebenso wunderbare wie schreckliche Narrationen und soziale Phantasien zu entwerfen und umzusetzen, und er öffnet dadurch neue Türen, ja neue „Welten" in der einen Welt. Aber all diese Versuche des kreativen Ausdrucks, der narrativen Festschreibung sind von einer hartnäckigen Kontingenz, einer zufälligen Geschichtlichkeit durchdrungen.

In all seiner Kreativität ist der Mensch auch stets ein *vielfach Gekränkter*: Verloren im Weltall, Teil einer gnadenlosen Evolution, nicht Herr und Frau über seine Gefühlswelt und prinzipiell ein Parasit. Er lebt auf Kosten Anderer, in allen Belangen. Als Parasit ist der Mensch ein *soziales* Wesen, er ist ohne den Anderen, die Andere nicht denkbar; wir würden keine Sprache haben, keine Liebesmöglichkeit, kein Leben; wir würden als narrativer Körper sterben. Sozialität ist eine ebenso irenische wie gefährliche menschentypische Gravitationskraft. Sie gibt uns Boden, behält uns auf dem Boden, reisst uns den Boden unter den Füssen weg. Die Frage nach der Priorität von Egoismus und Altruismus ist hierbei irrelevant, sie ist die Frage nach Huhn oder Ei.

Als soziales Wesen werden wir notgedrungen *schuldig*, d.h. wir verfügen über den Anderen, über seinen Körper: wir ritzen, untergraben, hintergehen, verunmöglichen seine eigene Komposition (und somit auch unsere), im Tun wie im Lassen. Bei aller Schuld sind wir aber auch narrative Körper, die sich freuen, die lachen, die *unverhofft glücklich* sind und Momente von Dankbarkeit und Beschenkung erfahren und zu erfahren geben. Und nicht zuletzt: Wir lachen und weinen.

Und in alldem, was hier in gebotener Kürze erzählt wurde, sind wir, bin ich (nach alter Urwaldweisheit) *ein Lebewesen inmitten von Leben, das leben will*. Das ist nicht moralinsaurer Kitsch, sondern beinharte Empirie, Bedingung der Möglichkeit des Endlichen und dessen Möglichkeitsraumes. Gleichzeitig Bedingung eines Eros, welcher der natürlichen Evolution die Stirn bietet, will er humanisierend alle menschlichen Körper vor Fremdzugriffen bewahren. Es gilt, den Menschen als narrativen Körper immer neu zu schützen, zu rehabilitieren und zu feiern.

3. Fallen: Transzendenz und Projektion

Das Wenige, was über die Kondition des Menschen gesagt wurde, kann mit Blick auf das Kulturphänomen Religion unterschiedlich interpretiert werden. Grob gesehen, gibt es hierbei zwei grundsätzliche Strategien, eine religiöse und eine religionskritische: die religiöse Behauptung rekurriert bei aller menschlichen Begrenztheit, Passivität und gedeuteter Beschenkung auf eine sogenannte Erfahrung von (Selbst-)Transzendenz, während die religionskritische Variante in Religion das Produkt eines falschen Bewusstseins ortet, und zwar als Ergebnis einer Projektion, als Überwindung menschlicher Kondition. Beide Strategien sind Fallen oder Gruben, die man sich selber gräbt, denn sie nehmen die Kondition des Menschen, seine Grenzexistenz, seinen Charakter als narrativen Körper nicht ernst:

Transzendenz: Grundwort der Theologie, gleichzeitig ihr Refugium. Ein Zauberwort, ein Verzauberungswort: Verheissung einer Über- oder Unterschreitung des Menschlichen, hin auf einen entzogenen, unverfügbaren Sinngrund oder einen göttlichen Sinnenrausch. In der Liebe, im Eros, im Bedenken der passiven Grundstruktur, aber auch beim Tauchen (dieses Blau, diese Stille, diese andere Welt…) machen heute Menschen Transzendenzerfahrungen, Erfahrungen des Überschreitens, Begegnungen mit einer anderen, bisher unbekannten Welt, Berührungen des göttlichen Saums. Doch was als Transzendenzerfahrung interpretiert werden kann, ist bei näherer Betrachtung einfach eine Erfahrung der Erweiterung des menschenmöglichen Möglichkeitsraumes von Erlebnissen und entsprechenden Deutungen, das heisst Erfahrungen. Transzendenzerfahrungen sind Erfahrungen der Bewusstseinserweiterung. Das Überschreiten ist ein Erweitern von gesellschaftlich normierten Konventionen, eine Interpretation von divers erlebten Kontingenzen, ein Eintritt in bisher ungeahnte Erfahrungsräume, ein Übertreten selbst gezogener Grenzen, aber nicht ein Überschreiten der humanen Kondition als momentane, spontane Teilhabe an etwas ganz Anderem, nicht das Erfahren einer Grenze, an der etwas wesentlich beginnt (so wie: „wir werden durch seienden Sinn ermöglicht" [Rentsch]), nicht die Eröffnung einer Gotteserkenntnis, die eine wahre Selbsterkenntnis erlauben würde. Nein, sogenannte Transzendenzerfahrungen sind Überschreitungen und Verweiserfahrungen innerhalb der Immanenz. Ihr religiöser Charakter entsteht im hermeneutischen Rückgriff auf das Phantasiearsenal sog. heiliger, in Metaphysik getränkter Narrationen.

Die Überschreitungen, Bewusstseinserweiterungen und Möglichkeitsräume sind schier unendlich, sie hören erst mit dem (jedoch sicheren) Tod sowie mit dem (ebenso sicheren) Ende der Spezies *homo sapiens sapiens* auf. Entscheidend aber ist, dass es dieser Möglichkeitsraum der Bewusstseinserweiterungen ist, der nach Religion fragt, das heisst nach einer Kultur der Grenze, nach einem Gott der Grenze und der Grenzaushandlung: um des Menschen willen.

Projektion. Der Schluss liegt nahe, dass der Mensch Religion erfindet, um all das zum Menschen referierte mit Blick auf ein Letztgültiges zu kompensieren, zu beruhigen, gar zu narkotisieren: Bodenlosigkeit des Denkens, Wahrheitsmangel, Orientierungslosigkeit, Todesangst, Narrationszwang etc.. Das hat sie in Geschichte und Gegenwart tatsächlich immer wieder (auch) getan. Eine solche Religion des puren Wunsches, der Kompensation bzw. Kontingenzbewältigung wäre aber nicht human, sie nähme den Menschen in seiner radikalen Verlorenheit, die gleichzeitig seine temporäre Rettung ist, nicht ernst. Sie wäre reine Bedürfnis- und Sehnsuchtsreligion, Ausdruck von Allmachts- und Omnifusionsfantasien. Das Gegenteil ist vielmehr der Fall. Der heutige Mensch erfindet, erschafft und rekomponiert Religion, nicht um seine *condition humaine* zu kompensieren, das Zufällige zu bewältigen, die Fragwürdigkeit aufzuheben, sondern um sich seiner Eigenart zu stellen: Sich vor Gott zu stellen. So dass er vor Gott Mensch und als solcher menschlich bleiben darf: durch Vergebung und Herausforderung.

4. Narrationen über Gott

Das traditionelle Wort Gott sagt als Wort nichts aus, es ist eine Leerformel. Das ist ebenso sein Mangel wie seine Genialität.

Gott meint kein Wesen, kein Etwas, nichts, was es im ontologisch-metaphysischen Sinne gibt. Gäbe es Gott als Jemand oder Etwas, würden wir Menschen noch irrer an uns als sonst schon, denn allein die Frage des Leidens wäre mehr als Skandal, mehr als inakzeptable Zumutung, sie wäre schiere Unerträglichkeit. Selbst wenn es diesen Gott gäbe, müsste er verworfen werden! Auch insofern ist Gott tot.

Die traditionelle Erklärungsmaschine „Gott" hat schon lange ihren Betrieb eingestellt, vor allem der Lückenbüssergott und der Gott des Lotteriespiels haben ausgedient. Wir tun gut daran, sie im Museum des Geistes genau zu studieren: Relikte des Anti-Gottes, oft Verwerfungen des Humanen. Wenige Ausnahmen bestätigen die Regel.

Gott steht nicht für das Letztgültige, sondern für die Abwesenheit einer letzten Instanz, einer ultimaten Gültigkeit. Gott ist vielmehr der feierliche, symbolische Ausdruck des Nicht-Absoluten, der Nicht-Wahrheit, des Nicht-Fundaments, der Nicht-Autonomie. Er ist all das nicht, was Essenz, Wesen, Seinsgrund etc. behauptet. Kurz: Gott ist Symbol für das nie ganz mögliche, jedoch fragmentarisch sich ereignende Menschliche in der Welt. Das Symbol der Grenze markiert den Ort Gottes, Gott ist als Grenzsymbol verdichtete Endlichkeit, immer neu zu berechnende Summe der Einschränkungen und Möglichkeiten, die den Menschen zum Leben bringen. Wo in diesem Sinn an Gott geglaubt wird, „ihm" vertraut wird, da begegnet sich der Mensch im Spiegel, sich selbst ein Rätsel, ein Undurchdringlicher, ein Fragwürdiger. Das Fragwürdige, Rätselhafte auflösen zu wollen, wäre der eigentliche Tod Gottes; insofern ist Gott schon oft gestorben und tut es weiterhin.

In den Spiegel zu schauen bedeutet, sich vor Gott (im Symbol des Rätselhaften, der Grenze und der verdichteten Endlichkeit) zu stellen. Sich vor Gott stellen meint gleichzeitig *Herausforderung und Vergebung*: Die Herausforderung, sich der menschlichen Kondition nicht zu verschliessen, sie nicht wegzuwünschen, sich ihrer nicht im Enthusiasmus zu entledigen, den Entgrenzungs- und Begrenzungsraum immanierend auszumessen. Die Vergebung, nicht Unmensch sein zu müssen, sich nicht als Gott der Bedürfnisreligion zu gebärden, zuweilen lächerlich und primitiv sein zu dürfen. Von mir aus: gerechtfertigt zu sein. Aber nicht, weil ich getrennt wäre von Gott, sondern weil Gott Symbol für die Grenzexistenz des Humanen selber ist. Hinter dieser Grenze ist nichts ausser ebenso vergnügliche wie zuweilen unnütze, letztlich nicht humanisierende humane Fantasie, Hirngespinst, sofern sie nach einem Letztgültigen Ausschau hält (sei es Gott oder Gesundheit).

Grenze, verdichtete Endlichkeit, Rätselhaftigkeit, Möglichkeitsraum: Sprachbilder, narrative Existenzbewältigung. Aber wir brauchen diese Bilder und wir müssen davon ausgehen, dass diese Bilder defizient sind. Aber - als Interpretation des Bilderverbots - in ihrer Defizienz sind sie Symbole für den Gott der Grenze, und nicht als defiziente Bilder eines unfassbaren, unverfügbaren Gottes im theistischen Sinn. Insofern sind wir tatsächlich auch Abbild Gottes: das reflektierte, nie adäquat verstandene Bild unserer Möglichkeiten und verpassten Chancen (als nicht ergriffene oder gar nicht gesehene Möglichkeiten).

Eine überaus einfache, nicht akademisch versprachspielte Definition des Symbols versteht dieses als sichtbares Zeichen, das auf eine unsichtbare Wirklichkeit verweist. Mit einer solchen unsichtbaren Wirklichkeit werden meistens essentielle „Dinge" verbunden: *die* Liebe, *die* Gerechtigkeit, *der* Gott. Gott als Symbol der Grenze und der Entgrenzung meint nun aber, dass das Wort „Gott" Symbol für eine sichtbare, empirische, immanente Wirklichkeit ist, die jedoch weder vom Einzelnen noch von allen Menschen zusammen in ihrer Summe je erfasst werden kann, weshalb sie als mögliche Grösse nie sichtbar und erfahren werden kann. Doch damit ist kein neuer wesenhafter, seinsmässiger Gott kreiert, sondern ein Gott der Endlichkeit und der - jedoch schier unendlichen - endlichen Beschreibungen unserer Spiegelexistenz. Aber nicht weil unsere Beschreibungen ein „ganz Anderes" nicht fassen könnten, sondern weil uns die Summe des Menschenmöglichen endlicherweise verwehrt bleibt. Immanenz, Kontingenz und Relativität sind nicht zu überwinden, sie sind vielmehr Merkmale Gottes im Symbol der Grenze.

Im Mythos wird dieser Gott der humanen Grenze um der Menschen willen erzählbar. Die Narration von Adam und Eva ist z.B. als verdichtete Adoleszenzerfahrung zu lesen, als narratives Passageritual, als erschreckende Überschreitung einer menschlichen Grenze, bei der man nicht - wie (vom toten Gott) angedroht - stirbt, sondern sich seiner Sterblichkeit, Nacktheit und Verlorenheit bewusst wird, ohne jemals wieder in den Garten einer unmöglichen Unschuld zurückkehren zu können. Gleichzeitig Eröffnung eines neuen Möglichkeitsraumes innerhalb der schier unendlich endlichen Optionen. Die narrativ gestaltete Trennung des Raumes (Garten – Welt) ist vielmehr eine erfahrene, innere Verschiebung, ein schmerzlicher Umbruch in der Wahrnehmung: Das Paradies (der Garten) ist gleichzeitig die Welt und so auch Gott: Gott als Symbol des sich selbst Innewerdens, der Akzeptanz menschlicher Verfasstheit, des Risikos, des Gefährlichen – *nolens volens*.

Dass dieser Möglichkeitsraum sich gegen den Menschen selbst richten kann, zeigt der Mythos von Kain und Abel: Mord aus Neid, ewig endliches Kainsmal wegen einer Tat, die die Grenze des Menschlichen nicht respektiert hat, nämlich den narrativen Körper des Nächsten. Gott (im herkömmlichen Sinn) spielt hier keine Rolle, er ist Symbol einer Fatalität (die Opfer), einer Kontingenz, die von Kain nicht angenommen wird, gegen die er ein absolutes, deshalb inhumanes, Zeichen setzen will: den Tod des Anderen, die Vernichtung seines Körpers und seiner Geschichte.

Andere Grenzüberschreitungen wiederum sind notwendig, selbst wenn sie die Grenzen des Humanen, nämlich den Körper des Anderen, überschreiten, diesen vergewaltigen: Lots Töchter stehlen den Samen ihres betrunkenen Vaters, denn sie sind schon alt und kein anderer Mann ist weit und breit zu finden. Gott kommt in dieser Geschichte schon gar nicht mehr vor. Weshalb auch? Er ist symbolischer Hintergrund für die Möglichkeiten des Humanen, selbst oder gerade in der Ambiguität: Körpervergewaltigung für Körperneuschöpfung? Allein im Moment ist hier zu entscheiden, Entscheidung im Unentscheidbaren. Dass in der Schrift die Tat der Töchter Lots mit keinem Wort sanktioniert, nicht einmal moralisiert wird, ist hierfür Indiz. Der Gott der Grenze ist die prekäre Entscheidung selbst.

Der Gott der Grenze rehabilitiert den menschlichen Körper. Denn wo der Mensch an einen Gott als Symbol verdichteter Endlichkeit glaubt, ihm vertraut, da wird seine Kondition als Mensch nicht weggewünscht und hypostasiert, sondern angenommen: auch in seiner Körperlichkeit. Gleichzeitig erwächst dadurch die Aufgabe einer humanen Körperkultur, die eine Grenzziehungskultur ist. Die religiöse Praxis der Askese als Überwindung des Körperlichen mit Blick auf ein höheres geistiges Gut rechnet nicht mit dem Gott der Grenze, sondern mit einer Art ontologischem, spirituellem Masseur, der transzendente Welten erschliesst. Eine gute Massage von Mensch zu Mensch aber desavouiert jegliche asketische, (meist) einsame Verrenkung, ebenso wie die chimärenhafte mystische Vereinigung. Oder warum lesen sich so viele sogenannt mystische Texte wie Brunftologien von Menschen ohne Erfahrung körperlicher Nähe?

Ein Kollektiv, das meint, ohne das Grenzsymbol Gott (oder welchen Namen es auch immer braucht) auszukommen, verliert seinen humanen Zug, seine menschliche Zweideutigkeit, seine ebenso bewundernswerte wie lächerliche Entschiedenheit im Unentscheidbaren. Ohne den Gott der Grenze drehen die individuellen und sozialen Phantasien der Kollektive durch, werden fundamentalistisch, absolutistisch und relativistisch, sie enden notwendigerweise in Körperverletzung (vom saekularen Fitness-kult bis zum gottgewollten Krieg), im Übergriff. Gott „existiert" also, er muss „existieren": als im Gespräch ausgehandeltes Symbol der Grenze, als Diskurs des Grenzwesens Mensch über seine kontingente Grenzexistenz, damit er sich nicht essentialisiere, illusionär vergotte oder schulterzuckend an bedrohten narrativen Körpern vorbeischlendere.

Zwei Interpretationslinien zum Turmbau zu Babel zeigen die gesellschaftliche Notwendigkeit des Grenzgottes. Einerseits: Der Bau als Hybris, als Überschätzung, Nichtbeachtung der eigenen Kondition, als Himmelstürmerei, als sein wollen wie Gott (im herkömmlichen Verständnis), als Grenzverletzung. Die Konsequenz ist Sprachverwirrung als gegenseitiges Unverständnis und grundlegendes Missverständnis, als Streit über das Absolute, das Göttliche. Andererseits: Der Bau des Turmes als Symbol der Herrschaft, der Einheit, der Ontologisierung von Macht. Die Sprachenverwirrung als Befreiung, als plurale Sprachen- und Interpretationsvielfalt, als Ausmessen des Möglichkeitsraumes, als Experiment, als humane Dekonstruktion.

Der Gott der Grenze markiert und gebietet Distanz. Die im traditionellen Monotheismus hochgehaltene Transzendenz Gottes wird von den monotheistischen Religionen selber ständig verletzt und mündet in eine possessive Nähe, mitunter auch Intimität. Die Materialisierung Gottes im Wort als Wort Gottes ist hierbei die gefährlichste und schädlichste Bemächtigung Gottes. Hier wird im Modus des Absoluten Bluttinte vergossen: Eifersucht, Strafe, Verfolgung, Gewalt, Rechtfertigung für alles. Auch der aktuelle spirituelle Intimitätsdiksurs ist in seiner seichten, säuselnden Sanftheit untergründig fundamentalistisch: er trennt zwischen Initiierten und Distanzierten und etabliert eine neue Religion der Gnosis, der intimen, exklusiven (Er-)Kenntnis. Der Gott der Grenze dagegen wehrt der absolutistischen, überwältigenden Distanzlosigkeit, denn er ist in seiner nie vollends auszulotenden Immanenz nicht greifbar, nicht auf den Punkt zu bringen, er kann nicht beim Wort genommen werden, er kann nur gemeinsam erzählt und interpretiert werden (Material hierfür sind alle menschlichen Kulturprodukte). Der jeweils sozial neu auszuhandelnde symbolische Grenzgott als nie absehbare, endliche Summe des humanen Möglichkeitsraums lässt sich nicht instrumentalisieren, nicht vereinnahmen. Dies käme der Aufhebung seiner immanenzlogischen Rätselhaftigkeit und Undurchdringlichkeit und somit meiner Rätselhaftigkeit und Undurchdringlichkeit gleich, es wäre sein und mein Tod.

Der Gott der Grenze kennt keinen Himmel und keine Hölle. Die wunderbare Überlieferung der Muslimin Rabiʿa al-ʿAdawiyya al-Qaisiyya bleibt zu beherzigen: Man sah Rabia in den Straßen von Basra mit einem Eimer Wasser in der einen Hand und einer Fackel in der anderen Hand. Als sie gefragt wurde, was dies zu bedeuten habe, antwortete sie: „Ich will Wasser in die Hölle gießen und Feuer ans Paradies legen, damit diese beiden Schleier verschwinden und niemand mehr Gott aus Furcht vor der Hölle oder in Hoffnung aufs Paradies anbete, sondern nur noch um Seiner ewigen Schönheit willen." Freilich ist hier und heute die intelligente Frau zu korrigieren: die Anbetung (das sich vor Gott stellen) geschieht um seiner endlichen, kontingenten Schönheit (als gelungene, angemessene, aktuelle Grenzkultur des Humanen) willen. Keine Hoffnung erwächst mehr weder von einem Gott über der Welt, noch von einem Gott jenseits der Welt.

Der Gott der Grenze ist ein Gott des Lebens, denn er schützt nicht nur den Menschen, den narrativen Körper. Aber es ist nur der Mensch, der als Anwalt der leidensfähigen Körper auch Verantwortung für den Rest erdenhafter Natur übernehmen kann – natürlich nur bis zu einem gewissen Grad. Sobald er dies tut, verwandelt er die Natur in Schöpfung. Die Schöpfungsperspektive ist ein Gestus der tätigen Antwort, nicht ein Modus des Fragens.

Ist der Gott der Grenze Liebe? In Gott *die* Liebe zu orten, scheint die letzte, unerschütterliche Bastion der theologischen Zunft, sie erhofft sich hier wenig Widerspruch: Wer kann schon etwas gegen die Liebe haben? Und wäre es nicht einfach unglaublich schön, letztlich in einem alles umschliessenden Kokon göttlicher Liebe geborgen zu sein - selbst über den Tod hinaus? Vielleicht, aber die Indizien für eine solche grosse Sehnsuchtsnarration sind mehr als spärlich, was natürlich den Wunsch danach umso grösser macht. Überhaupt ist Liebe ein äusserst schillernder Begriff, der eine Unzahl von Assoziationen auslöst. Bei der Rede von der Liebe Gottes ist oft unklar, welche Kognitionen und Emotionen, Erlebnisse und Widerfahrnisse hierbei gemeint sind (mitunter ist in der Rezeption der „Liebe Gottes" eine grosse Portion Sentimentalität zu veranschlagen). Aus welchem Erfahrungshintergrund speist sich der Glaube an die „Liebe Gottes", wie wäre dieser Allerweltsbegriff zu konkretisieren? Die jesuanische Erzählung vom sogenannt verlorenen Sohn weist wohl in die richtige Richtung. Der tief gläubige Wanderprediger Jesus von Nazareth berichtet gleichnishaft von einem jungen Mann, der mit Billigung des Vaters (und dessen Erbteil) von zu Hause auszog, um seine eigene Erzählung zu finden. Durch sein – offensichtlich nicht sehr nachhaltiges – Verhalten, verbaut er sich die Chance, auf eigenen Füssen zu stehen, er endet als darbender Schweinehirt. Dabei nimmt der Wunsch Gestalt an, zum Vater als Tagelöhner zurückzukehren, um so einigermassen sich weiter erzählen zu können, für das eigene Narrationsprojekt einen gewissen Möglichkeitsraum zu schaffen. Entgegen seinen Erwartungen wird er vom Vater nicht nur - im Gestus der freudigen Umarmung - wieder in die Familie aufgenommen, sondern es wird für ihn sogar ein Fest veranstaltet, zum grossen Ärger seines Bruders. Liebe oder besser Lieben zeigt sich hier als ein Zugehen auf den Anderen, das diesem wieder eine Erzählperspektive eröffnet und dies zur Freude beider, denn Erzählungen wollen erzählt werden! Insofern ist der symbolische Gott der Grenze (der Vater der *story*) nicht Liebe selbst, sondern ein Gott des Liebens, d.h. ein Gott, der ins Spiel kommt, wenn das Potenzial des narrativen Körpers gefährdet ist, und zwar in beide Richtungen: als Ermöglichung einer grossartigen, menschlichen Geschichte, aber auch als Verhinderung einer grossen, inadäquaten, megalomanen Erzählung oder einer Inferioritätsnarration. Es werden selbstgezogene Grenzen ebenso erweitert wie eine Grenzkultur des Liebens konstituiert wird. Insofern ist Lieben eine strenge Tätigkeit, es gilt Geister und Emotionen zu scheiden. Die verwandtschaftliche Umarmung ist ein schönes Zeichen der Verbundenheit im Narrativen, Freude, aber nicht Sentimentalität. Natürlich gilt: diese Kultur des Liebens ist immer gefährdet, immer auf der Grenze, sie ist immer neu durch die Menschen zu ermöglichen. Denn es ist mit keiner metaphysischen Umarmung von einem himmlischen Vater zu rechnen, *wir* sind die Väter und Mütter ebenso wie die verlorenen (Menschen-)Söhne und Töchter.

Der Mensch hat sich vor Gott zu stellen, das heisst vor den Spiegel, vor allem vor den Spiegel des Anderen. In diesem Blick auf sich selbst und in jenem auf sich selbst durch den Anderen liegt das humane Potential des Gottes der Grenze, des Gottes des Fragwürdigen, des Rätselhaften, des Distanzgottes, des Schutzgottes und Lebensgottes des narrativen Körpers: *Herausforderung* ohne Überforderung sowie *Vergebung* ohne Grenzenlosigkeit.

Exkurs: Abgrenzungen

Meine kleine Gottesnarration ist ein Versuch, Gott als immanent zu denken, als menschengemachtes, notwendiges Symbol der Grenze. Dieser Versuch entlehnt verschiedene Gedanken aus unterschiedlichen Traditionen, ohne in ihnen aufzugehen. Deshalb einige Abgrenzungen:

Antitheismus und Gott-ist-tot-Theologie: Die frommen Antitheisten vertrauen darauf, dass sich Gott (oder Spuren des Reiches Gottes) als Liebe in den Beziehungen, im politischen Engagement, in der Liebe ereigne. Aber Gott ereignet sich nicht, es gibt nichts zu erfahren, ausser Menschliches. Das Menschliche göttlich (oder christlich) zu nennen, weil es sich als Liebe oder Gerechtigkeit zeigt, kreiert durch die Hintertür doch einen Gott des Seins, einen geglaubten Garanten für die Essenz der Liebe oder der Gerechtigkeit. Es wird mit Substanzen und Wahrheiten gehandelt. Vor allem aber wird auch im Antitheismus letztlich mit dem Gott als Geheimnis gerechnet, um ihn vor Instrumentalisierung zu schützen. Aber dieses Geheimnis ist im Immanenten selbst zu orten.

Mystik: Kein Symbol führt mich zu Gott (Labyrinth, Brunnen, Weltenbaum), weil sein letzter Grund letztlich in mir ist. Denn es gibt keinen letzten Grund, es gibt nichts Letztes, in dem der Mensch aufgeht, in das er tauchen kann; keine Mitte, die zu finden wäre, sie wäre Konzentration eines nicht Konzentrierbaren, Nichtbeachtung der Grenzziehungen des Möglichkeitsraumes. Es kann also keinen mystischen Weg zu Gott geben, selbst bei einer Mystik mit offenen Augen bleibt dieser verwehrt. Nicht ich bin Gott und Gott ist in mir wie in der mystischen Allfusionsfantasie. Sondern ich bin und darf ganz Mensch sein, weil Gott Symbol meiner kontingenten Lebensstruktur ist und als solcher Grenzen setzt: uns zum Wohle, uns (Gott) zum Preise.

Negative Theologie: Gott als Symbol der Grenze ist nicht negative Theologie, die besagt, dass Gott immer (und in potenzierter Weise) das nicht ist, was wir inadäquat von ihm behaupten. Die negative Theologie rechnet mit dem ganz Anderen, mit dem Unverfügbaren, mit der Wahrheit, die uns entzogen ist, mit einer letzten Wirklichkeit von Wirklichkeiten. Auch der Gott der Grenze ist unverfügbar, aber nicht in einer substantiellen, kategorialen, tiefen Weise, sondern in seiner empirischen Breite, in seiner schieren Immanenz.

Eschatologie/ Messianismus: Gott ist nicht das unverhofft Kommende, das *à venir*, das mögliche, grosse Vielleicht, das uns überkommen mag. Eschatologie und Messianismus sind auszuheben, sie bringen eine religiöse Sehnsucht in Spiel, die mit Blick auf den Gott der Grenze die Distanz nicht wahrt; sie rechnet mit einem Moment der totalen Überraschung, des klaren Blicks in den Spiegel, letztlich mit Essenz.

Kenose: Die christliche Narration von der Menschwerdung Gottes ist ein entscheidender Schritt hin zu einer anthropologisch fundierten Theologie, der notwendige Beginn der Entmetaphysierung Gottes, die in der konsequenten Saekularisierung als Kultur zwischenmenschlicher *caritas* ihren Fluchtpunkt findet (Vattimo). Wenn aber die Kenosis (die Entleerung Gottes ins Menschliche) quasi messianisch, teleologisch überstrapaziert wird, birgt sie (bei aller Sympathie, die diese Theologie verdient) die Gefahr der grossen Erzählung in sich, d.h. sie flirtet mit einer Erfüllung, einem zu erreichenden Omega und überspielt den Menschen als narrativen Körper, ja tut ihm Gewalt an, weil sie zu viel (und zu Grosses) von ihm verlangt.

Humanismus: Der im Westen geborene Humanismus feiert das Wesen des Menschen, er essentialisiert den Menschen (und hat dadurch stets eine kolonialistische Schlagseite), anstatt ihn als unergründlichen, offenen Organismus zu sehen, als sich erzählenden Körper mit ungewissem Ausgang. Der Humanismus gipfelt in der Statuierung der Menschenwürde, die er jedoch selber nicht zu begründen vermag, sondern in (platonisierender) Idealisierung behauptet. Der Gott der Grenze handelt demgegenüber den Menschen immer neu aus (bzw. die Menschen handeln den Gott der Grenze aus), ohne ihn festzulegen, auf den Punkt zu bringen, sondern indem sie ihn erzählen. Dennoch ist eine gewisse Nähe zwischen der Menschenwürde und dem Gedanken des Menschen als narrativer Körper nicht zu verleugnen: sie erzählen, dass der Mensch nicht als Mittel zum Zweck missbraucht werden darf. Doch ist die Vorstellung des narrativen Körpers immanenterweise näher am Menschen, sie hat einen ebenso biologischen wie poetischen Verweiszusammenhang, sie ist insgesamt empirisch gesättigter, sie essentialisiert nicht.

Relativismus: Wenn der Gott der Grenze stets neu auszuhandeln ist, scheint alles ebenso möglich wie relativ zu sein, jegliche Gottesbilder und Gottesnarrationen können funktional für alle möglichen Herrlichkeiten wie Scheusslichkeiten instrumentalisiert werden. Dem ist nicht so: die

Vorstellung des Menschen als narrativer Körper verweist letztlich auf ethischer Ebene auf eine Form der goldenen Regel, die nicht hintergehbar ist: Respektiere die Interessen der Anderen -deren narrativer Körper- in dem Masse, wie du möchtest, dass deine Interessen –dein narrativer Körper- respektiert werden. Dort, wo narrative Selbstentwürfe die narrativen Körper Anderer drangsalieren, sie zu Objekten degradieren, sie manipulieren ist eine Grenze zu setzen, da breitet Gott (z.b. als Maria-Narration) durch uns seinen Schutzmantel aus.

Alle diese Abgrenzungen bleiben unsicher, sie bergen das Risiko, zu eng gesteckt zu sein, etwas auszuschliessen, das sich ereignet hat oder ereignen kann innerhalb des Menschenmöglichen, wenn auch nicht ausserhalb desselben.

5. Zusatz: unabgegolten, unbedingt, unverfügbar?

Die Vorsilbe „un-" trifft man im Theologiejargon immer wieder an. Sie ist quasi verdichtete Gottesrede, denn im „un-" wird der Raum Gottes geöffnet: unabgegolten, unbedingt, unverfügbar. Und selbst diese Rede über Gott ist fragil, denn sie ist uneigentlich: Gott verflüchtigt sich, es wird ihm ein rettender (Nicht-)Ort zugewiesen, der unerreichbar ist. Der Theologe kann weiter seinem Geschäft nachgehen.

Es mag für Theologinnen einen Überschuss an unabgegoltenen Verheissungen geben, die sie eschatologisch ins Spiel bringen wollen. Doch sind diese Verheissungen dahingehend zu untersuchen, inwiefern sie menschliche Kondition respektieren: retrospektive Solidarität mit allen Opfern der Geschichte, die Schau von Angesicht zu Angesicht, die Aufhebung des Partiellen im Ganzen, die göttliche Vereinigung von Macht und Güte etc. Solche theologische Fluchtpunktdiskurse als kondensierte, durchaus verständliche, aber deshalb nicht einfach hinzunehmende Sehnsuchtsszenarien vernichten letztlich die Hoffnung, die sie evozieren wollen, denn sie beziehen sich - bei aller behaupteten Symbolik, Metaphorik und sprachlichen Uneigentlichkeit (letztlich ein Trick) - auf eine illusionäre Transzendenzgeographie. Sie verweigern die Verstrickung in die Immanenz. Denn Gott ist höchstens transimmanent nur insofern, als die Möglichkeiten der Immanenz nicht auszuschöpfen sind. Das Symbol Gott als Grenze versinnbildlicht diese transempirische Unmöglichkeit, Gott ist quasi transimmanent, ohne deshalb aber transzendent zu sein. Vielleicht spricht man gar besser von der Periimmanenz Gottes. Gott ist mitten im Leben undurchdringlich diesseitig (nicht jenseitig, wie Bonhoffer meinte). Nicht Kontingenzbewältigung strebt der Mensch mit dem Symbol Gott an, sondern durchaus leidenschaftliche Kontingenzverstrickung: ein ebenso ernstes wie ironisches Ja zur Endlichkeit, aus dem gleichzeitig die Kraft des Nein entspringt. Da bleibt Unbewältigtes, Unabgegoltenes, keine Frage, aber dieses Unabgegoltene ist als

Gestaltungsimpuls, als Kompositionsherausforderung ernsthaft wie kreativ auf- und mitzunehmen, mitunter auch einfach anzunehmen, es ist aber nicht im sehnsüchtigen Hoffnungsdiskurs zu transzendieren oder zu immaterialisieren, d.h. zu entschärfen bzw. letztlich zu relativieren.

Theologie verrennt sich in Unbedingtheitsdiskurse: unbedingte Hoffnung, unbedingtes Vertrauen, unbedingte Liebe. Und das alles ist Gott. Sicher gibt es da im Leben ein gespürtes und erdachtes Mehr, einen Überhang, ein *surplus*, etwas das einem im Moment unbedingt angeht; doch dies ist nicht durch einen ganz Anderen, den prinzipiell Nicht-Verstehbaren aber Unbedingten einzuholen, sondern ist in der Akzeptanz des Bedingtseins selbst zu sichten. Dieses Mehr und gefühlte Unbedingte ist ein Hinweis auf aktuell geschundene narrative Körper, auf fehlende Intensität meiner Lebenspraxis, auf meine endlicherweise zu gestaltende Ohnmacht, auf eine nie zu realisierende Souveränität, auf meine passivische Kondition. Wo das Bedingtsein radikal angenommen wird, eröffnet sich der Horizont der Möglichkeiten, Erweiterungen und Grenzen, hier geschieht oder von mir aus „offenbart" sich der Moment der Annahme, der Gabe. Im Bedingten ist Gott zu sichten als Erweiterung wie Begrenzung, dialektisch. Wo jedoch Unbedingtheitsdiskurse geführt werden, da verfehlen wir menschliche Kondition, wir werden überstrapaziert, wir beginnen zu spinnen. Gott ist Symbol für eine Kultur der Grenze des Endlichen und Bedingten, kein Wort für Unbedingtheitsfantasien.

En Lieblingswort unter Theologen ist die Unverfügbarkeit, ein Wort, das seinen Zauber mit Blick auf die breit entwickelten Verfügbarkeiten unserer Zivilisation bzw. empfundenen *Zuvielisation* (Sprayerspruch) umso stärker entwickelt. Mit Unverfügbarkeit ist letztlich ein Transzendentes anvisiert, ein Schutzraum des unerreichbaren Zugriffs durch den Menschen, ein geschlossener Garten Gottes. Damit ist gleichzeitig behauptet, dass Gott letztlich im Phänomen, in der Immanenz nicht erfahrbar ist und schon gar nicht in ihr handhabbar gemacht werden kann. Und die Theologen haben

Recht und gleichzeitig Unrecht: Gott als symbolische Grösse ist nicht verfügbar, denn seine Periimmanenz ist endlicherweise nicht zu fassen, er ist lediglich fragmentarisch erfahr- und erzählbar, immer neu und immer anders. Aber diese Unverfügbarkeit ist nicht das Resultat einer absoluten Transzendenz Gottes, seines transzendenten Entzogenseins, eines Absoluten, sondern seiner endlicherweise nicht auslotbaren Verfügbarkeiten, seiner Periimmanenz.

Das heisst auch, dass Gott als Symbol der Grenze doch im immanenten Phänomen erkennbar ist bzw. (besser:) gemeinsam erkennbar gemacht werden kann, gerade weil das einzelne Phänomen zufällig, schicksalshaft, kontingent ist. Der Grenzstandpunkt Gottes, dessen Perspektivität ist induzierbar, diese Perspektive ist nicht das Resultat eines unverfügbaren Widerfahrnisses, in dem sich Gott als Gott selbst auslegt (Dalferth), kein metaphysischer Überfall, kein „Einbruch von woandersher" (Zillessen), wenn dieses woandersher nicht eine Erweiterung des immanent Möglichen ist. Ist das noch Theologie? Ja, und zwar als eigene Wissenschaft, durchaus als sog. Orientierungswissenschaft im prinzipiell Orientierungslosen, aber nicht im Rekurs auf ein *a priori* unverfügbares, letztlich nicht kommunizierbares bzw. wissenschaftlich nicht beschreibbares Widerfahrnis in Form einer grossen Erzählung, sondern im Rekurs auf eine Kontingenz, deren Dichte und gleichzeitige Fluidität nur mit der Metapher Gottes und den sie begleitenden grossartigen Erzählungen zu fassen ist, als kontingenter Horizont der Möglichkeiten, als kollektiv zu konstituierende Grenze zum Wohl von Menschen, die als narrative Körper auf der Suche nach ihrer Geschichte sind, ohne diese Geschichte je finden zu können, ausser sie betrügen sich. Die Tore zum Garten Gottes stehen immanenterweise immer offen und ein Tor ist, wer darin nicht immanieren, lustwandeln will.

6. Immanenz - immanieren

Im bisher Dargelegten wurde Immanenz behauptet, zeitweise gar beschworen, ohne sie zu beschreiben (definieren kann man sie nicht). Doch es wird auch im Folgenden nicht scharf gedacht, sondern ich entwerfe Bilder und metaphorische Erzählungen.

Immanenz hat eine horizontale Struktur, sie ist ebenso horizontal wie sie am Horizont endet. Sie hat somit etwas Flaches und Breites, sie bemüht nicht die Metaphorik der Tiefe, die zu viel verspricht: das Unbedingte. Doch es ist diese äusserst belebte und belebende breite Fläche (Landschaft, Feld), die ausmessbar ist und die es auszumessen gilt, bis hin zum Horizont: als wäre das nicht genug, ja als wäre das nicht bereits zu viel! Dabei kann der Horizont immer wieder erweitert werden, aber er wird nie überstiegen, hier gibt es tatsächlich eine Grenze, die ebenso eine räumliche (und somit erkenntnistheoretische) wie zeitliche Struktur zeigt: individuelle Wahrnehmung und Endlichkeit. Es geht nicht anders, ausser wir verraten uns: wir bleiben drin, wir haften ihr an, der Immanenz. Insofern ist Immanenz nicht mehr und nicht weniger als der „unbestreitbare Rahmen unseres Lebens" (Latour) oder besser: das unbestreitbare Feld unseres Lebens bzw. eines Lebens. Es gibt kein anderes Feld, nur unterschiedliche Begehungen, Aus- und Einblicke.

Immanenz hat die Form einer schier unendlich endlichen Textur unterschiedlichster Fäden, die zuweilen fein und virtuos gewoben, grob und ungelenk gestrickt, ausgefranst, angefressen, verwickelt, fehlerhaft arrangiert etc. etc. sind. In diese Textur und an dieser Textur arbeite ich meinen eigenen Faden ein, ich komponiere mit ihm *mein* Leben als narrativer Körper, als Aktualisierung von Immanenz, als *ein* Leben: *immanence: une vie* (Deleuze), aber nicht als performatives reines Vermögen ohne Individualität wie bei den Kleinkindern, sondern als erotisches Ergreifen und Formen meines narrativen Körpers. Ich kann in der Immanenz den roten Faden suchen, ja ich muss dies tun, selbst wenn ich weiss, dass ich hier am Komponieren und Dichten bin. Gäbe es den roten Faden tatsächlich, hätte sich die schier unendliche Endlichkeit des Immanenten und seiner Möglichkeiten quasi eindeutig erschöpft, ich wäre ein Einfältiger, ein religiös Unmusikalischer.

Immanenz bedingt *modi* des Existierens: immanent sein (unausweichlich, weil gleich blosses leben) und immanieren. Immanieren ist das bewusste in der Immanenz sein, das illusionslose, aber narrationsreiche Leben im Vorfindlichen, das so viel (zu viel!) ausfindig zu machen, zu durchstreifen erlaubt.

Negativ formuliert: Immanieren heisst leben ohne zu flüchten (d.h. auch, aber nicht nur: ohne zu transzendieren). Ich meine mit flüchten nicht die kleinen (lustvollen oder schwermütigen) Fluchten, sondern das grosse Flüchten: in grosse Erzählungen jedweder Art und *couleur* oder in verzweifelte Postulate. Positiv formuliert: Immanieren heisst affirmativ leben, Ja sagen zum Leben, d.h. ein Ja zum narrativen Körper und gleichzeitig ein Ja zum Kollektiv narrativer, nichtnarrativer (z.B. eine Kuh) und narrationsloser Körper (z.B. ein Stein oder das Ozonloch) und dies in einer Weise, dass sich daraus auch gelegentlich ein erotisches Nein ergeben kann (aber eben nicht ein Nein aus Ressentiment wie bei Nietzsche). Immanieren ist somit auch ein - wenn auch zuweilen haderndes wie schmerzliches - Heranlassen, ein Annehmen, ein nicht Verdrängen aller äusseren wie inneren Verweise, Erfahrungen und Widerfahrnisse im Horizont des Endlichen. Damit ist immanieren auch synonym mit bewusst sich auf Undurchdringliches einlassen. Immanieren, in dieser Welt leben wollen, heisst im Status des Undurchdringlichen zu vagabundieren – bei allen temporären, realen und vermeintlichen Lichtungen. Und es heisst auch, die unangenehmen, öden, flachen Zeiten anzunehmen, sie ironisch zu umarmen, kein Drama aus ihnen zu machen; die Scheisslaune am Sonntagnachmittag zuzulassen, ja ihr die Tür zu öffnen:

Hallo Schiisluun

Es liegt nid am Wätter | dr Himu isch blau | s'Sunne schiint u es luftet chli | d'Lüt hocke im Garte überau | u mi Nachbar lachet übere Zuun | u är winkt mr u lüpft si Huet | es isch Summer am Sunntig Namittag | u es isch gar nid guet | wieder dobe ir Wohnig | i weiss nid rächt was | i dräije e Rundi de Fänschter nah | i luege use u abe uf d'Schtrass | u jitz gsehn i ne vo witem | wien'r um d'Egge schliicht | ds Töri geit uf u när geit ds Lüti | weisch was das isch mir doch gliich | | he hallo Schiisluun | wo bisch de du jitz gsii | i ha gmeint du heigsch mi vergässe | i ha scho ds Gfüeu gha das sig's jitz gsii | chunnsch jitz wieder cho schtürme | säg was bisch du für eine | chumm ine du kennsch es ja | füeu di wie daheime | | es liegt nid am Wätter | dr Summer isch düre | jitz chunnt's de wieder cho schiffe | u när wot's de wieder nid höre | aber de söu's doch cho schiffe oder cho schütte | mir isch das ehrlech gseit einerlei | mis Huus isch zwar e zügigi Hütte | aber immerhin bin i nid allei | | eh hallo Schiisluun | wo bisch de du jitz gsii | i ha gmeint du heigsch mi vergässe | i ha scho Fröid gha das sig's jitz gsii | hesch du süsch keni Kollege | säg was bisch du für eine | chumm ine du kennsch's ja scho | füeu di wie daheime

(Musik: Züri West; Text: Kuno Lauener)

Man kann sich innerhalb der Immanenz erweitern, aber nicht beliebig. Der Exzess, das Erbrechen, das Überwältigtsein, der Rausch etc. sind allesamt Dynamiken oder Folgen des Immanierens, Erfahrungen von Grenzerweiterungen und Grenzziehungen. Aber es winken keine Transzendenzen, sondern die Felder meines Lebens wurden neu ausgemessen, neu komponiert, der Gott der Grenze aktualisiert und neu erzählt. Beim Immanieren (diesem aktiv Ja und Nein komponieren) setze ich mich aus, ich werde u.a. verletzlich, angreifbar, lächerlich: passiv. Dabei kann es geschehen, dass mir Gott (Kontingenz, Grenze, Immanenz) widerfährt, dass ich passivisch im Fluss der Immanenz in einen Strudel gerate oder Zustände seligen, schwebenden Fliessens erlebe, oder: Kreuz und Liebesmahl, Gefährdung und begnadete Beglückung, *tremendum et fascinosum*. Diese passivischen Widerfahrnisse, diese Gegenwärtigkeiten aktualisieren, intensivieren und erweitern die Wahrnehmung im Dschungel der Immanenz, sie fordern zur

Grenzverletzung und Grenzsetzung auf. Aber sie verweisen nicht auf ein substantiell oder ontologisch Anderes, ein Heiliges, Transzendentes, Göttliches. Wer hier meint transzendieren zu müssen, der raubt den Immanenzwiderfahrnissen ihre eigene, flüchtige Gegenwart, ihre kontingente Passivität, ihre Körperlichkeit und ihren Narrationsverweis. Transzendieren dehumanisiert.

Ist eine Theologie der Immanenz Gottes nicht Ausdruck totaler (letztlich: kapitalistischer und somit inhumaner) Transparenz? Fehlt hier nicht die Negativität der Transzendenz, das Zwecklose, die Stille, das Intime? Nein, Immanenz geht nicht unweigerlich in Transparenz auf, sondern gerade das sich Einlassen auf die undurchdringliche Immanenz führt in Räume des Abgesonderten, des in sich Ruhenden, des nicht Auslotbaren, des stets neu zu Durchstreifenden, durchaus des immanenterweise Unverfügbaren. Um solche Räume zu konsituieren braucht es kein Bemühen einer Transzendenz, sondern allein ein Bewusstsein für die Undurchsichtigkeit und Undurchdringlichkeit des Immanenten – trotz und wegen aller Erfahrungen von Grenze und Erweiterung. Ja es stimmt: „Das Schicksal ist nicht transparent" (Han) Aber das Schicksal des narrativen Körpers birgt das Verborgene, Rätselhafte, Fragwürdige, Intime und Irritierende der Immanenz. Insofern ist schiere Immanenz nicht transparent und somit auch nicht prinzipiell obszön und plump, sie ist nicht synonym mit Profanität als Ausdruck des nicht Abgesonderten, sondern sie fordert gerade eine Grenzkultur innerhalb des nicht Abgrenzbaren, eine Narration für das immanenterweise nicht zu Erzählende im Angesicht und in der Umarmung des Verschwindens, des Todes.

Wer sich auf das Daseiende, die Immanenz, bewusst einlässt (d.h. wer immaniert), sie von allen Seiten betrachtet, sich ihr in verschiedenen Perspektiven nähert (historisch, naturwissenschaftlich, religiös, ökonomisch etc. etc.), wird die Erfahrung fast unendlichendlicher Landschaften, Flächen, Breiten, Horizonte im Sinn von verwundenen Verweiszusammenhängen machen. In diese Verweiszusammenhänge verwickelt zu sein, sich in sie mit einem ebenso sanguinen Ja wie Nein zu vermischen, in ihnen sich bis zum Tod ebenso schmerzensreich wie lustvoll narrativ zu vergeuden, heisst, einen religiösen Standpunkt einzunehmen. Insofern ist immanieren vielleicht sogar das, was andere (vor allem Religions-soziologen) unter transzendieren und selbsttranszendieren verstehen. Aber man sollte ein derart metaphysisch belastetes Wort nicht säkularisierend verwenden, zumal mit immanieren eine valable Alternative zur Hand ist.

Im Akt des Immanierens wird Gott als Grenze, Kontingenz, Immanenz erfahren, immanieren lässt Gegenwart (ohne einer Metaphysik der Gegenwart das Wort zu reden) erfahren und alte Redeweisen erhalten wieder eine ergreifende, präsentische Note, einen sich bewährenden (wenn auch nicht sich bewahrheitenden) Klang. So wird die Rede von der Inkarnation Gottes zur Gegenwart: als gesteigerte Immanenz, als narrative Bedingung des Immanierens, als Einweisung in die Endlichkeit, als Abschied von Substanz, als Tod des alten Gottes der ewig gleichen Attribute; So wird die Rede von der Auferstehung zur Motivation wie situativen Bestätigung des erotischem Ja und Nein; So wird die Pfingsterzählung zur Diagnose und Kritik all der (ideologischen, spirituellen, ökonomischen etc.) Winde, die da wehen. Oder liturgisch: durch sie und mit ihr und in ihr… Immanenz, ein Leben, mein Leben, unser Leben.

7. Grenze

Die Grenze als Symbol Gottes, ja Gott als Grenze selbst. Was ist damit gemeint? Die Grenze als Grenze ist nicht zu bestimmen, ihr Strich verflüchtigt sich, je genauer man ihn unter die Lupe nimmt: Linie, Punkt, Leere. Sie ist immer willkürlich, aber lebensnotwendig. Und doch können wir - ganz grob gesehen – von vier Arten der Grenzerfahrung erzählen: *Ich bleibe vor, an oder gar auf der Grenze stehen*, ich habe sie verinnerlicht, oder ich akzeptiere sie oder ich ertrage sie oder ich kann sie nicht übertreten, obwohl ich möchte, ich werde auf ihr aufgehalten. *Ich überschreite die Grenze*, ich bin neugierig, ich bin bereit für eine Ausdehnung, eine Erweiterung, ich akzeptiere die Grenze nicht, ich rebelliere gegen sie, ich werde über die Grenze gestossen *Ich trete hinter die Grenze zurück, die ich überschritten habe*, ich bin erschrocken, ich fühle mich nicht wohl, ich spüre das Zerstörerische, ich habe es genossen, doch es ist nur in kleinen Dosen zu wiederholen, ich werde zurückgedrängt. *Ich stosse an unverrückbare Grenzen*, ich bin ohnmächtig, ich bin begrenzt, die Grenze widerfährt mir.

In all diesen Erfahrungen mit der Grenze verdichtet, verschiebt, verundeutlicht etc. sich die Komposition meiner Landschaft, meines Lebens in Immanenz. Somit verändern sich die Grenzlinien meiner Gottesrede ständig oder zumindest phasenweise. Der Gott der Grenze ist immanenterweise verhandelbar, wenn auch gewisse, endlicherweise unverrückbare Grenzlinien wohl doch Sinn machen: Flüsse, Bergzüge bzw. menschliche wie tierische Körper, gar Öl und Wasser. Die Grenzziehung, d.h. die Gottesbeschreibung ist mir aufgegeben, will ich mich nicht in einer Weise verlieren, in der ich mich nicht mehr finden (besser: komponieren) kann, wie im vermeintlich grenzenlosen immanent sein, als dauernde Zerstreuung, als Aufgabe des unmöglichen, aber unabdingbaren Projekts meiner Spurensuche. Demgegenüber gilt es, die erotische Verausgabung im Immanieren zu pflegen, d.h. gemeinsam an einem kulturellen Kollektiv zu basteln, das sich in einem Netzwerk von

Grenzerzählungen temporär einzurichten versucht. Denn ohne temporäre, einigermassen verlässliche, sich *grosso modo* bewährende Grenze (und somit auch ohne Gott) keine Kultur, kein Kollektiv, keine Politik, kein soziales Narrationsmuster, letztlich keine Möglichkeit Mensch zu sein. Der Schöpfungshymnus der Genesis besingt diese Grenzkultur als *conditio sine qua non*, als Einrichtung des Lebensraums, als Abstecken der Immanenzgrenze. Wir sind angehalten das „Lob der Grenze" (Liessmann) immer neu anzustimmen.

8. Narrativer Körper

Bisher ist oft das Adjektiv „human" verwendet worden. Human meint hier menschlich im Sinn von menschenfreundlich. Menschenfreundlich bezieht sich als narrative Kategorie auf ein Denken und Handeln, das die menschliche Kondition ernst nimmt, sich in sie verstrickt, in ihr vagabundiert und der Versuchung widersteht, diese im religiösen oder ideologischen Gewand zu transzendieren, zu essentialisieren, zu vergewaltigen. Insofern ist human gleichbedeutend mit dem Akt des Immanierens selbst.

Human im Sinn von menschenfreundlich und immanierend bezieht sich auf meine Beschreibung des Menschen als narrativer Körper. Dieses Kompositum ist freilich ein leicht hilfloser Versuch, die uns geschichtlich eingebrannte, eingeschriebene und ständig fortgesetzte (*soft-* und *hardware*) Dichotomie bzw. den Dualismus von Körper und Geist anders und zwar in einer Weise zu komponieren, dass so etwas wie eine ausgefranste, vernetzte Einheit (die es als solche nicht gibt, endlicherweise nicht geben kann), eine Kollektion zu fassen versucht wird. Vielleicht ist „narrativer Körper" das, was die christliche Tradition mit Leib zu umschreiben meint, wäre diese Metapher im Lauf der Geschichte (und bis heute) nicht mit einem a-körperlichen, a-erotischen wie bisweilen auch a-sexuellen Beigeschmack aufgeladen wie verdorben, potenziert durch dessen transzendentalen Winkcharakter.

Dennoch: die Komposition „narrativer Körper" als Ahnung und Hinweis auf eine biopoetische, ein- wie ausgrenzende versammelnde (besser als vereinheitlichende) Struktur unserer Existenz transportiert einen durchaus hilfreichen, analytischen, auf zwei Seiten hin sich ausspannenden Impuls:

Wenn die menschliche Narration den Körper vernachlässigt, ihn düpiert, bezwingt, überspielt und illusioniert, ihn mit grossen Geschichten zu überwinden versucht, dann wird der Mensch krank, weil Gott als Symbol der Grenze bis in menschenfeindliche, weil megalomane, imaginäre Landschaften führt, die den biopoetischen Organismus überstrapazieren, so dass er implodiert oder explodiert: von der religiösen Depression bis zur Selbstverbrennung.

Wenn der Körper durch Arbeit, körperliche Gewalt, Geschwindigkeit, Ökonomie etc. geschunden wird, dass eine (immer nur: halbwegs) souveräne Narration verunmöglicht, verhindert, abgewürgt, vergewaltigt wird, dann hat der Mensch gar nicht die Möglichkeit Mensch zu werden, zu immanieren, zu komponieren. Hier wird die Theologie der Immanenz Gottes eminent politisch, jedoch ohne ideologischen Drift. Sie hat kein Programm, aber eine klare Richtung, sie ist Tätigkeit. Eine solche Theologie immaniert mit einem kräftigen Nein! zu Gunsten biopoetischer Möglichkeit und dies im politischen Nahraum wie in jenem globalisierter Geworfenheit und Strukturzwänge.

Dass die traditionelle Religion von der Verbindung und Mixtur „Geschundener Körper + grosse Erzählung" lebt und profitiert (bis heute: wo „wächst" z.B. das Christentum?), hat Marx unnachahmlich beschrieben. Religion muss daher etwas anderes sein und werden als „der Seufzer der bedrängter Kreatur", mehr als Droge; vielmehr ist Religion ein Kunstwerk, ein guter *song*, in dem das Immanieren des humanen Körpers kompositorisch aktualisiert wird: Liebeslieder, Kampflieder, Jubel- und Klagepsalmen, von mir aus gelegentlich auch einmal eine (ironisch gebrochene) Schnulze oder ein den Kitsch schrammendes, gesungenes Liebespoem, in dem das Du die Geliebte und gleichzeitig Gott als Immanenz ist, aber keine *unio mystica* sondern eine *collectio immanens*:

Du

Näbu ufem See
Riife-n-i de Böim
Rabe-n-ufem Fäud
Du i mine Tröim

Räge-n-ufem Dach
Ässe-n-ufem Füür
Rote-n-i mim Glas
Du a mire Tüür

Rusche-ni de Zweig
Wouche-n-übrem Land
Glungge-n-ufem Wäg
Du a mire Hand

Summe-n-i dr Luft
Sunne-n-uf em Schtäg
Schpatze-n-i de Büsch
Du i mine Täg

Näbu ufem See
Räge-n-ufem Dach
Rusche-n-i de Zweig
Summe-n-i dr Luft

Du i mine Tröim
Du a mire Tüür
Du a mire Hand
Du i mine Täg

(Musik: Stephan Eicher / Text: Martin Suter)

Freilich bleibt immer viel zu wünschen übrig und: „Religion beruhigt nicht die Wünsche, im Gegenteil, sie beruht darauf, dass das Leben zu wünschen übrig lässt." (Zillessen) Ja, aber dieses Übriglassen ist immanenzlogisch zu verstehen, es bleibt endlicherweise ein Überhang, der in keiner Weise zu kompensieren, von woandersher zu überraschen, zu transzendieren ist. Das Übriggelassene ist immanierend im Blick zu halten, anzugehen und gleichzeitig zu depotenzieren, es ist bisweilen schmerzlich, ironisch wie fatal stehen zu lassen, schlicht anzunehmen (hier ist auch die Grenze einer die Theodizee hinter sich lassenden Anthropodizee zu orten).

Als narrativer Körper kommt der Mensch nie und nirgends je irgendwo an, allein der Tod beendet das Vagabundieren: *Tout doit disparaître*. Dennoch: der Mensch als narrativer Körper sucht nach seiner Erzählung, seiner individuellen, in der Auseinandersetzung mit dem Kollektiv zu sammelnden Spur vor seinem Verschwinden. Er ist gleichermassen ein (sich) erzählender Organismus wie eine mit dem bzw. im Organismus entstehende Erzählung: Triebe, Bewusstes, Vernünftiges, Unvernünftiges etc. werden kompositorisch verdichtet, so dass Lebensmöglichkeit im Horizont der gegebenen Landschaft skizzierbar wird. Im Garten Gottes.

9. Grosse und grossartige Erzählungen

Das proklamierte „Ende der grossen Erzählungen" (Lyotard) ist zum abgedroschenen Zitat geworden, die Sache selber ist aber noch keineswegs erledigt, vielleicht war sie gar nur eine auf einen kleinen Zirkel begrenzte Episode, liest und bemerkt man doch allenthalben, dass die Sehnsucht nach grossen Erzählungen ihrerseits erneut bedient wird oder bedient werden soll. Wir sind bereits wieder in einer Phase des megalomanen *backlash*: nicht nur in Gestalt des religiösen Fundamentalismus und der Rede von Identität konstruierendem, konfessionalistischem „Kerngeschäft", sondern auch im Pathos der kollektiven Gesundheits-, Fortschritts- und Sicherheitsdiskurse. Sinnsucht allüberall, da bieten sich grosse Erzählungen an.

Ob Ödipus, Ariadne, Narziss oder Pandora, ob Adam und Eva, Kain und Abel, der Turmbau zu Babel, Judith und Holofernes oder David und Goliath, ob der barmherzige Samariter, der verlorene Sohn oder die Ehebrecherin: Verdichtete Immanenzverstrickungserzählungen, Umkreisungen, Grenzmessungen und Durchquerungen der *condition humaine*, Kontingenzverstrickungen, Entschiedenheit im Unentscheidbaren. Deshalb werden diese Geschichten immer wieder aufgenommen, rearrangiert und komponiert. Und deshalb sind es grossartige Geschichten, aber keine erschlagende, referenztotalitäre, grosse Geschichten. Diese grossartigen Geschichten bergen verdichtet ein erotisches Potenzial, das in gesteigerter Wahrnehmung und teilweiser Dechiffrierung wie Verrätselung der Immanenz aktualisiert wird, sie sind inspirierende Vagabundinnen und Kumpane im Akt des Immanierens. Aber solche grossartigen Geschichten finden sich nicht nur als Sedimente der religiösen, mythischen und künstlerischen Traditionen, sondern sie ereignen sich tagtäglich und wollen erzählt werden. Immanieren selbst generiert solche grossartigen Geschichten, sie sollten ebenso Teil des Gottesdienstes sein wie die sedimentierten Klassiker.

Was auch immer geglaubt wird, es gibt keine Texte und Narrationen, die nicht beim Menschen ihren Ursprung haben. Insofern kann es keine sog. heiligen Schriften geben, solange auch nur noch ein kleiner Rest metaphysischer Ehrfurcht deren Lektüre und Exegese bestimmt. Wer zudem die historisch-kritische Herangehensweise zu Ende denkt, wer die Entmythologisierung konsequent durchspielt, kann nur noch in grossartigen Geschichten bar jeglicher Metaphysik erzählen. Heilig sind die heiligen Schriften deshalb, weil sie über Generationen gesammelte Verdichtungen von Profanität, Immanenz, Kontingenz zu lesen, zu rezitieren und zu singen geben. Ob Narrationen Wort des lebendigen Gottes (der Grenzen setzenden Immanenz) sind, zeigt sich an deren immanierenden Potenz, nicht an deren Platz in irgendeiner sog. heiligen Schrift: Können die Texte zu Begleiterinnen im Kontingenzstrudel werden? Kann ich durch, mit und in ihnen leben? Eröffnen Sie mir einen Raum innerhalb der Immanenzlandschaft? Dann haben wir es mit grossartigen Geschichten zu tun.

Die Stärke der biblischen Bibliothek besteht u.a. darin, dass in ihr die Kontingenzerfahrungen in ihrer ungeschminkten Ambivalenz erzählt werden. Der eifersüchtige, kriegerische, vernichtende Gott ebenso wie die Hasstiraden und Ressentiments anderen Völkern, Glaubensgemeinschaften und Lebensentwürfen gegenüber, haben in der Bibel Aufnahme gefunden. Hier wird nichts ausgespart: Immanenz, verdammt schwieriges, bisweilen grässliches Leben. Freilich gilt es, solche Passagen gegen den Strich, d.h. konsequent a-theistisch zu lesen, aber es wäre falsch, sie marcionitisch zu selektieren bzw. auszusondern. Denn auch in den dunkelsten, den narrativen Körper (vor allem des Anderen) verachtenden Passagen brechen zwar nicht zu verdrängende, aber deshalb keineswegs anzunehmende Dimensionen der Kontingenz auf: Rassismus, Triumphalismus, Ressentiment, Hass etc. als Möglichkeiten des Menschenmöglichen, als Theorien für verbrannte Landschaften, die keinen Lebensraum mehr zulassen. Das sind grossartige Erzählungen des Schreckens, der destruktiven Erotik fehlgeleiteten

Immanierens, der menschenverachtenden Grenzverletzung. Hier gilt es, will man seine biopoetische Struktur erhalten (und wer will das nicht?), gegen solche Geschichten zu leben. Dass bis heute sog. Gläubige diese dunklen Seiten ihres de- oder theistischen Gottes (und jene des Menschen) in ihre grosse Geschichte integrieren und diese göttlichen Abgründe mit der Aura des urdunkelsten Mysteriums umgeben, um ihren Gott zu retten, ist schlicht Ausdruck von Angst, der Angst vor dem Verschwinden, der Angst vor der Immanenz, der immanierenden, menschenfreundlichen, illusionslosen, narrationsreichen Kontingenz, der Angst vor dem Spiegel in den Geschichten. Denn unausweichlich ist: Endlichkeit, *Tout doit disparaître*.

Die grossartigen Geschichten bieten also narrative, verdichtete Selbsterschliessungsmöglichkeiten und insofern bergen sie Offenbarungspotenzial. Aber der theologische Begriff der Offenbarung (ob natürlich, übernatürlich etc.), bei dem die Initiative letztlich bei einem Gott lag oder liegt und dieser für die entsprechende Wahrheit *qua* grosser Geschichten bürgt, sprengt die menschliche Kondition, er dehumanisiert, er ist nicht fähig, Immanierung kreativ zu begleiten, geschweige denn zu begründen. Denn: Es wird nichts offenbar, ausser in der Erfahrung der Ausweitung des Menschenmöglichen, im Immanent-sein wie im Immanieren. Religiöse Bekräftigungs – und Bestätigungsrhetorik im Stil des römischen Katholizismus ist gleichzeitig *passé* wie grotesk, im besten Fall eine Angelegenheit für ästhetisierende Manieristen. Aber auch z.B. die dialektischen Kaskaden, christologischen Mantren und protestantischen Rosenkränze vom Basler Ufer des Rheins fliessen (zum Glück) in die Weite des Meeres, um dort zu verdunsten. Es gibt so viele grossartige Geschichten, so dass wir auf die grossen Geschichten ohne Verlust verzichten können.

10. Jesus

Nicht nur als Europäer kommt man an der Figur Jesu nicht vorbei, mit ihr verbinden sich grossartige Erzählungen ebenso wie mannigfaltige grosse Erzählungen. Die Figur Jesu ist uns kulturell dermassen tief eingeschrieben, dass wir sie nicht (oder zumindest noch nicht) loswerden – *nolens volens*. Dennoch stellt sich die Frage, ob ein expliziter Rekurs auf die Jesusfigur (und somit auf Jesus selbst) - unabhängig ihrer kulturellen Prägekraft - im Kontext einer theologisierten Grenzanthropologie bzw. einer anthropologisierten Grenztheologie angezeigt ist. Die Antwort ist: Ja und Nein.

Nein. Jesus war theistischer Theozentriker: er glaubte und vertraute an einen allmächtigen, transzendenten, wesenhaften, eingreifenden Gott, selbst wenn er ihn fast intim Vater und Papa nannte. Jesus beschrieb in schroffer Sprache illusionäre Jenseitsgeographien, er wusste von einem posttodlichen Gericht, von entsprechenden Anrechnungs- und Absprechungsmechanismen. Einer seiner Zeit, einer vergangenen Zeit, deren metaphysischen Landschaften für uns heute kontaminiert sind.

Ja: Jesus, so wie er historisch einigermassen rekonstruiert werden kann, war ein erotischer Verfechter des Humanen, ein Künstler der Rehabilitierung des Lebens, des Menschen als narrativer Körper, ein Immanierer *avant la lettre*. Die grossartige Erzählung von Jesus und der Ehebrecherin zeigt paradigmatisch die immanierende Strategie Jesu, selbst wenn sich die Geschichte so nie zugetragen hat. Auf dem Spiel steht narrativ verdichtet das Leben: vor allem jenes der Ehebrecherin ist durch den Tod bedroht. Auch Jesu Wirken und somit sein immannierender Entwurf steht auf dem Spiel: ist er nun Thora-treu oder nicht, kann er überführt werden oder ist er zusammen mit seiner Vergebungspredigt desavouiert? Doch selbst das Leben der Schriftgelehrten ist in der Krise: werden sie zu Handlangern des Todes, literaler heiliger Gewalt? Entweder - oder, Ja! oder Nein!, beides keine Alternativen, beides Fallen. Der berühmte Spruch Jesu verändert alles: "Wer von euch ohne Sünde ist, der werfe den ersten Stein!" Durch diesen Satz werden auf einen Schlag neue Perspektiven eröffnet, die allen Konfliktpartnern erlauben, mehr Leben zu gewinnen: die Ehebrecherin überlebt, Jesus bleibt seinem Reden und Handeln treu, und die Schriftgelehrten kommen zu sich, sie werden nicht zu Totschlägern, gewinnen neue Lebensqualität. Ob in den Gleichnissen oder in seinen vermeintlichen Handlungen: immer wieder handelt oder spricht Jesus so, dass Menschen zurückgenommen werden in die Gemeinschaft des Kollektivs, dass ihren geschundenen Körpern durch Integration und Zuspruch wieder ein Narrationshorizont eröffnet wird. Darin besteht die eigentliche Heilung.

Die Tragik und Grossartigkeit des Wirkens Jesu liegt u.a. in seiner Konsequenz, nicht (oder nur selten) mit Gewalt seine körperliche Narrativität zu erhalten. Er lässt sich als vordergründig gescheiterter Lebenskünstler, als entschieden Immanenzverwickelter, als Fürsprecher narrativer Körper in den Tod bringen. Damit tritt er eine zwar nicht neue, aber verdichtete Wahrnehmung und entsprechende Interpretation für die Gefährdung und den Schutz des narrativen Körpers los: im Zeichen des Kreuzes. Das ist sein menschenfreundliches, geschichtlich wirksam gewordenes Erbe, das die Christen (wollen sie diesen Titel tragen) auch heute täglich anzutreten bzw. einzubringen haben – uns zum Wohle und dem Gott der Immanenz zum Preise.

Heute das Reich Gottes (die Zentralnarration Jesu) zu predigen und es erfahrbar zu machen (bei Jesus geht es immer um tätig werdende Rede) bedeutet, immanierend die Grenzen so zu gestalten, dass jenen Menschen (vor allem Fremden, Feinden, Ausgegrenzten) eine Lebenslandschaft zugesprochen wird, die aufgrund inhumaner, kollektiver Kategorisierungen bisher in der Ödnis sitzen, körperlich-narrativ. Es gäbe so viele Zachäusse, die nach Tischgemeinschaft Ausschau halten, wir alle eingeschlossen. So ist es für das organisierte Christentum zumindest irritierend, dass z.B. eine Vielzahl sogenannter Nichtregierungsorganisationen entschiedener und jesuanischer immanieren (abzüglich ihres ideologischen Drifts) als die Kirchen selbst. Reich Gottes ist eben dann das Reich der human gestalteten Immanenz, der grenzsensiblen Kontingenzverstrickung, der Versammlung unter grossartigen Geschichten im Gestus und Zuspruch von Herausforderung und Vergebung.

Beim Abschied von der grossen Erzählung wird auch jeglicher christologischer Entwurf übersprungen, weil die objektive Christologie (kondensiert im Glaubensbekenntnis) als solche die menschliche Kondition überspringt, die Kontingenz der Grenze und die Grenze der Kontingenz kerygmatisch übertölpelt. Sie bringt Kategorien und Konzepte ins Spiel, die in ihrer metaphysischen Ladung nicht einmal mehr grenzwertig sind: Erlösung, (All-)Versöhnung, Auferstehung, Zweinaturenlehre etc. Eine Religion der Immanenz in der Tradition des Jesus von Nazareth kann nur jesuanisch (zaghaft), mythisch (nicht mythologisch), parabolisch und symbolisch beschrieben und erzählt werden – oder gar nicht (mehr). Als Sammlung grossartiger Geschichten in, mit und durch diese sich immanierend leben lässt. Von den Evangelisten als Theisten und Metaphysiker, wie auch von allen in der Tradition des Paulus stehenden Gottdenkern gilt es sich dort in aller Höflichkeit zu verabschieden (nicht bei deren anthropologischen Skizzen!), wo ihr Hang zur grossen Erzählung, zum christologischen Mystizismus, zum euphorischen Bestätigungsdiskurs humane Kondition und somit humane Narration verfehlt. Aber wir werden sie weiter lesen, sie bilden die Negativfolie immanierender Theologie. Es ist vielmehr die Bindungskraft der Figur Jesu, seine Fähigkeit, ein Kollektiv zu erschaffen, das mit ihm eine Palette von grossartigen Geschichten erlebte, hörte und erzählt bekam, die als mächtiger Findling in unserer Geschichte der Endlichkeit steht, und an dem sich Christinnen, Jesuanerinnen *sensu scricto* immanierend abmühen und abfeiern (sollten).

11. Kompostieren des Christlichen

Es ist irritierend, wenn sogenannte Freidenker und Humanisten Kreuze auf Berggipfeln verbieten wollen, denn gerade das Kreuz ist ein Symbol menschlicher Erfahrung *par excellence*. Im Namen aller möglicher Kulturen ohne Grenze wurde und wird unterdrückt, Leid angetan, gefoltert und getötet: gekreuzigt. Das Kreuz zeigt diese zerstörerische Grenzenlosigkeit, die Enthumanisierung an, es ist symbolischer Anwalt körperlicher Souveränität, Anwalt des narrativen Körpers (d.h. des Menschen), seiner biopoetischen Sammlung, eine Demonstration gegen unkultiviertes, schlecht komponiertes Immanieren. Doch damit dieser Blick auf das Kreuz als kollektives Symbol wiederentdeckt werden kann, muss das triumphalisitische Christentum des Glaubens wie das Christentum als gesetzte Religion seine Spur neu aufnehmen, indem es sich immanierend verdichtet, indem es sich kompostiert bzw. kompostiert wird um es neu (oder besser: in anderer Narrationsgestalt) zu komponieren (so Latour, wenn auch in Bezug auf die Soziologie).

Beim Vorgang des Kompostierens entsteht aus nicht mehr Gebrauchtem ein nährreiches Substrat und der Prozess der Vergärung sondert zu gewinnende Energie ab. Kompostieren des Christlichen um es neu zu komponieren meint genau das: das nährende Substrat und die vitalisierende Energie der grossartigen christlichen Narrationen zu gewinnen, um sie immanierend in die kontingente Lebenslandschaft auszutragen. Dieses Vorhaben sollte von den sog. Christinnen aktiv angegangen werden, denn das Christentum der grossen Erzählung ist bereits am verrotten, Westeuropa durchzieht eine eigentliche Agonie des Christlichen, es modert und müffelt gewaltig in Pfarrhäusern, Kirchen und Gemeindesälen; von spriessenden evangelikalen oder schwarzkatholischen Unkräutern sollte man sich nicht irritieren lassen. Doch welche Substrate und Energien setzt die Kompostierung des Christlichen frei? Ich sichte fünf narrativ zu nährende Handlungsfelder, Verben (keine Substantive!), gleichzeitig *modi* des Immanierens: begrenzen, schützen, provozieren, einladen, vertrauen:

Begrenzen: Das Christliche (vielleicht besser: das Jesuanische) limitiert, aber in einer heilvollen Weise. Die Grenze als Symbol Gottes wird zum Alltagssymbol. Da gibt es keine metaphysische, christologische, pneumatische oder trinitarische Spielereien mehr, keine Arkandisziplin und mystische Sondererfahrung, sondern eine Sammlung von grossartigen Geschichten, die den Raum des Menschlichen ausmessen, die den Menschen Mensch sein lassen, ihn nicht als Tier oder Maschine oder metaphysisch Abhängigen verstehen: vielmehr als kreativen Landschaftsgärtner in dieser Welt (Immanenz), die als gestaltete Erde Eden ist, ohne je ganz (immanenzlogisch) Eden zu werden. Limitieren meint auch, Begrenztheit und Endlichkeit wahrnehmen, Möglichkeit der Möglichkeiten ergreifen, beides in einer Mischung aus Sorge und Erleichterung, Schrecken und Freude, Zurückhaltung und Verausgabung. Begrenzen zudem als Komposition der Proportionen: Gott, die Grenze, ist für den Menschen da, der Mensch ist nicht für Gott da.

Eine solche christliche Grenze ist innerhalb der Immanenz überaus weit gesteckt, zahlreiche Lebensentwürfe sind möglich, hier gilt es nicht zu moralisieren, solange sich die narrativen Körper den Raum nicht streitig machen und sich zu bekämpfen beginnen (tatsächlich geschieht dies ständig). Die menschlichen Strebevermögen nach Lebenserhaltung, nach Macht und nach Anerkennung werden im Kollektiv erotisch kultiviert und begrenzt, wenn das christliche Kondensat immanierend beherzigt wird: leben und leben lassen, Mensch sein wollen, das Leben vor dem Tod leben, in gegenseitiger Vergebung und Herausforderung den Gott der Grenze feiern.

Schützen: Dennoch, das Christliche kennt die destruktiven Kräfte des Menschen, es kennt die eigenen Niederungen ebenso wie jene des Anderen, verdichtet im Symbol des Kreuzes. Das Christliche setzt dagegen den jesuanischen Impuls des Schützens im Gestus des Helfens, der tätigen *caritas*: der barmherzige Samariter, der Einsatz für die *Sans-Papiers*. Ohne präventives wie intervenierendes Schützen kein Christentum. Das heisst auch: Das Christentum lebt von einer gesteigerten Wahrnehmung allen gefährdeten narrativen Körpern gegenüber und ist insofern eminent politisch oder es ist nicht. Hier ist die Grenze hart, hier interveniert das Symbol des Kreuzes, hier wird Entschiedenheit im Unentscheidbaren gelebt, hier hat Christentum Kontur, ist ebenso streng wie leidenschaftlich. Warum? Aus der einfachen Erfahrung, dass wir nur so einigermassen in den Spiegel schauen können, nur so einigermassen ein Kollektiv leben können. Solches Schützen bewährt sich gegen alle jene, die den Menschen animalisieren, kapitalisieren oder hybridisieren (und von denen gibt es zu viele), die es ihm verweigern, erotisch zu immanieren.

Provozieren: Das Christliche provoziert, ruft uns heraus aus dem Trott des immanent-seins wie aus dem behaglichen, metaphysischen Wohnzimmer rein ins Immanieren: lasst die Toten die Toten begraben! Provozieren zeigt sich im Gestus akzentuierter Symbolpolitik (Theissen): der Einzug auf dem Esel in Jerusalem, die Tempelreinigung, die Wahl der Zwölf, das gemeinsame Mahl. Aus unserer kleinbürgerlichen Perspektive haben diese jesuanischen Provokationen durchaus etwas Pubertäres, Wildes, ja Peinliches. Aber in dieser Weise provozierend Gesellschafts- und Religionskritik situativ ins Spiel des Kollektiv zu bringen, ist (besser: wäre) ein Signum des Christlichen, erotische Energie seiner Kompostierung. Dabei geht es nicht um die Provokation als Provokation, nicht um vordergründige Effekthascherei, sondern vielmehr darum, durchaus als dringliche, öffentliche *performance* Verkrustungen jedweder Art aufzudecken, immanenzfeindliche Konventionen ironisch zu brechen, Grenzen zu schleifen oder neue Grenzen zu ziehen, Traditionen frisch zu buchstabieren. Es macht den Eindruck, dass diese Rolle, dieses Feld der provozierenden, symbolpolitischen *performance* endgültig allein in die Künste abgewandert ist. Das christliche Kollektiv sollte deshalb Kunstschaffende einladen, es sollte ihnen als Herolde der immanierenden Provokation, als veritable Herausrufer des Kollektivs, vielfältige Räume zur Verfügung stellen, ohne sich selbst nicht auch provokative Aktionen zuzutrauen: *Art brut.*

Einladen: Wir Christinnen gelten in den Augen der Anderen heutzutage nicht wie Jesus damals als „Fresser und Säufer", eher im Gegenteil. Dass wir diesbezüglich nicht in Verruf geraten sind, indiziert einen Mangel: Wir laden zu wenig ein, wir feiern zu wenig. Kompostiertes Christentum ist vor allem auch einladen: den Zachäus vom Baum holen (das wünschen wir uns alle insgeheim), den Kreis der Freunde und Freundinnen pflegen, denn einladen integriert, erweitert und macht heiter. Das Christentum ist die Religion der Tischgemeinschaft, der Gastfreundschaft ohne Ansehen der Person, der geteilten Erzählung: einladen und (genauso wichtig!) sich einladen lassen.

Aber diese Tischgemeinschaft ist nicht ein nettes Kaffeekränzchen, sondern ein Kollektiv, das sich mit Blick auf die *condition humaine* an grossartigen Geschichten ebenso aufreibt und verunsichern, ja demütigen lässt, wie es sich gegenseitig vergibt und provoziert, eine erotische Grenzkultur des Menschenmöglichen zu leben: hineingenommen zu werden in die Immanenzverstrickung, ohne diese mit grosser Geste zu kompensieren, sondern entschieden und unsicher zusammen mit den Anderen seine endliche Spur zu ziehen.

Einladen meint auch feiern und dies in einer überschwänglichen, sich verausgabenden, sich vergeudenden Manier. Nicht nur als Exzess des Festes (das auch!), sondern als Verausgabung im Zwischenmenschlichen und Politischen. Hier gilt es tatsächlich bisweilen (auch und vor allem: sich gegenseitig) das Kreuz zu tragen, geächtet und bekämpft zu werden: als Konsequenz des Einladens, des Einstehens und Integrierens des Zachäus.

Vertrauen: Glauben meint vertrauen. Doch worauf kann man vertrauen, wenn endlicherweise Wahrheitsmangel, Unentscheidbarkeit, Orientierungslosigkeit und Sinnlosigkeit zur Signatur der *condition humaine* gehören? Was aber ist die Alternative zu vertrauen? Misstrauen, gesteigert als Verzweiflung, als Unmöglichkeit zu immanieren, als Kapitualtion vor der Grenze des Todes, als konturloses Immanentsein. Hier gilt es eine Entscheidung im Unentscheidbaren zu treffen. Und wohlgemerkt, es geht nicht um Glauben und/oder Wissen (ein völlig schiefer Diskurs), sondern um die alternativen Handlungen glauben/vertrauen oder verzweifeln.

Worauf aber kann man vertrauen? Es gibt tatsächlich eine Überfülle von Hinweisen und Daten, an mir selber, am Menschen, am Kollektiv und am Lauf der Welt zu verzweifeln. Wo sind die Spuren von vertrauen und glauben zu sichten? Der immanierende Modus „vertrauen" wird initiiert und begleitet durch das Narrativ des Jesuanischen, des Menschenfreundlichen, des vage Orientierenden, der grossartigen Geschichten. Dieses Narrativ steht freilich stets auf dem Spiel, es bleibt prekär, es ist ebenso fragwürdig wie der Mensch selber. Dieses Narrativ kann sich nicht als Wahrheit anbieten, aber in ihm liegt das Potenzial des Bewährenden. Kann ich den Narrationen vertrauen, eröffnen sie in mir einen Raum, gestalten sie eine Landschaft, die sich mir als Vagabund der Immanenz ebenso begrenzend, schützend, provozierend wie einladend erschliesst? Vertrauen trotz prinzipieller Sinnlosigkeit, Vertrauen nicht auf Wahrheit, aber als Aufforderung, nicht mit dem Fragen aufzuhören, das immanenterweise in seiner Breite nicht Auszusagende der Kontingenzverstrickung in seinen Grenzen auszuloten, auf Beziehung bauen, einander (grossartige) Geschichten, ein Seufzen, ein Stöhnen, ein Nichtloslassen zu entlocken: frage und lass mich nicht los!:

D'Red

I ha aui Prognose
U kennä ke Affäkt
I bruche dini Rose
Aber ha so viu Respäkt

So winki de Matrose
Sie si immer nöi
Wär o gärn nöi
Gebore
Gedankelos allei

I ha gar nüt z'sägä hie
Drum frag jetzt nüme na
I ha gar nüt z'säge hie
O wenn du meinsch das
I das cha

Zwüsche hie u jetzt
Liet aus wo nid isch
Worde
Zwüsche hie u jetzt
Liet aus wo nis isch
Gsi
Frag nid nach mim
Wahre
La mir so viu Würd
Aues het u het kei
Sinn

I wet Dir so viu sägä hie
Drum frag u la nid los
I wet Dir so viu sägä hie
Frag u la nid los.

(Musik und Text: Sophie Hunger)

52

12. Religion: *da capo*

Ich als Mensch brauche Religion, ich brauche eine Kultur der Grenze, innerhalb derer geschützt, eingeladen, provoziert, vertraut wird. Entschieden in der Unentscheidbarkeit habe ich mich aus kulturellen wie immanenzlogischen Gründen für eine Komposition des Christlichen als Kompostierung seiner Tradition ausgesprochen. Dabei zeichnet sich eine ungefähre Kontur einer Religion der Immanenz Gottes in jesuanischer Spur ab.

Unter Religion verstehe ich (in Anlehnung an Theissen) ein kulturelles (vom Menschen gemachtes, veränderbares) Zeichensystem (mit den religionstypischen Zeichen Mythos, Ritus, Ethos), das Lebensgewinn verheisst (individuell und sozial) durch Entsprechung zur menschlichen Kondition als immanenter Grenzexistenz (und nicht durch Entsprechung zu einer letzten Wirklichkeit), deren fluktuierende Grenze symbolisch als „Gott" zu verstehen und zu komponieren ist.

Mythos: Eine Religion der Immanenz Gottes in jesuanischer Tradition kennt keine grosse Geschichte mehr, kein welterklärendes Drama vom Ursprung bis zu Vollendung, das dann rituell aktualisiert wird. Vielmehr versammeln sich Menschen zu einem Kollektiv, das sich um eine breite und erweiterbare Palette von grossartigen Geschichten gruppiert. Die biblischen Narrationsbestände als grossartige Geschichten mitsamt ihren Rollenbildern werden in diesem Kollektiv besonders gepflegt und zwar aus ästhetischen wie pragmatischen Gründen: sie haben sich als Grenzgeschichten innerhalb unserer Lebenslandschaft immanierend bewährt und bewähren sich weiterhin, wenn sie ametaphysisch gelesen werden. Religion in der christlichen Spur kompostierend zu rekomponieren bezieht also durchaus die Zentralnarrationen des Christentums mit ein, jedoch in deren immanierenden Lesart. Der Mythos der Mensch- bzw. Fleischwerdung Gottes liest sich immanierend als definitive Absage an ontologische oder metaphysische Restbestände Gottes. Der Mythos der Auferstehung fungiert als entscheidender wie entschiedener Verweis auf ein Leben vor dem Tod, als Aufstand gegen jegliche Unterdrückung des narrativen Körpers, als Immanieren, als freudiges erotisches Ja oder Nein: Was sucht ihr den Lebenden bei den Toten? Oder: Was sucht ihr die Immanenz in der Transzendenz?

Ethos: Zentrales Ethos einer Religion in jesuanischer Tradition ist der überaus simple Imperativ, die Norm „leben und leben lassen!". Dieser Imperativ ist weder Ausdruck von Beliebigkeit noch von Relativismus. Im Gegenteil, er fordert auf, erotisch zu leben, d.h. begehrend zu immanieren und dies mit Blick und Rücksicht auf die übrigen Menschen, auf all die narrativen Körper, die versuchen, körperlich erzählend eine Spur durch die Lebenslandschaft zu ziehen. Hierzu sind ebenso begrenzende wie verausgabende ethische Stile ins Spiel zu bringen: „Gebt dem Kaiser, was des Kaisers ist, und Gott, was Gottes ist" (welch politisches Programm des Subversiven!) ebenso wie: "Und wenn dich einer zwingen will, eine Meile mit ihm zu gehen, dann geh zwei mit ihm."

Ritus: Im Ritus feiert das Kollektiv seine Religion, es aktualisiert performativ-strukturiert Mythos und Ethos. Im traditionellen christlichen Gottesdienst wird ab der ersten Symbolhandlung, vom ersten Wort an ein Gott angesprochen, der Gebete und Bitten erhört, sich unserer erbarmt, uns segnet etc.: insgesamt eine mächtige metaphysische Tauschbörse als transzendente Bedingung unserer Möglichkeit. Kann es für eine Religion der Immanenz Gottes in jesuanischer Tradition, die sich selbst als stets ungefähr, als narrativ vorläufig und fragwürdig versteht, überhaupt einen Ritus geben? Es kann und es muss, denn die hier skizzierte Gestalt kompostierten Christentums schafft immanenzlogisch Orte der gegenseitigen *Vergebung* und *Herausforderung*:

Immanenzverstrickung ist unausweichlich immer auch Schuldverstrickung als bewusste wie unbewusste Verunmöglichung körperlicher Narration, der eigenen wie der fremden. Diese Verstrickung kann nicht aufgelöst werden, aber sie kann, ja muss gegenseitig gestanden, bearbeitet: vergeben werden. Andererseits wird die Lebenslandschaft zu einem undurchdringlichen Gestrüpp, die Grenze des Horizonts unsichtbar, vertrauen-können desavouiert; es bleibt Verzweiflung. Deshalb: Du, ich bin nicht würdig, dass Du eingehst unter mein Dach, aber sprich nur ein Wort, so wird mein narrativer Körper gesund!

Erotisches Immanieren ist immer auch herausfordern (zum begrenzen, schützen, provozieren, einladen, vertrauen). Herausfordern als Verunsicherung, als Prozess der stetigen Grenzaushandlung, als erotische Energie unkonventioneller (künstlerischer, politischer etc.) Projekte, als kritisches Überdenken des indi(di)viduellen roten Fadens wie der synergetischen Kraft des Kollektivs. Auch hier: Ohne diese immanierende Herausforderungserotik verödet oder überwuchert die Lebenslandschaft mit ihren ungeahnten Möglichkeiten: sie wird zu Tode konsumiert, tödlich mit Tretminen ausgelegt oder wird zum narzissistischen Dickicht.

Dieses immanenzlogische Potenzial von Vergebung und Herausforderung gewinnt Kontur im Entwurf eines Ritus, der jedoch nicht neu zu erfinden, sondern zu rekomponieren ist und zwar in der Spur der katholischen Messe als verdichtete körperlich-narrative Form von kollektiver Ausrichtung im Ausrichtungslosen: im Symbol des Kreuzes sammelt sich das Kollektiv, es vergibt sich gegenseitig die Schuld (ohne davon lossprechen zu können), um sich zu öffnen für neue Herausforderungen im Gewand narrativer Traditionen, seien es Texte, Lieder, Bilder, Plastiken, Filme etc. etc.. Höhepunkt ist sodann das gemeinsame Mahl als Feier des narrativen Kollektivs und des dieses limitierenden Gottes. Dass diese Religionsform rituell zusätzlich offen für Ikonen aller *couleur* ist (vom Heiligenkult bis zu Warhol und darüber hinaus), ergibt sich immanenzlogisch, ebenso wie sie somatisch-symbolische Performanzen rekomponiert und generiert.

Lebensgewinn: Der persönliche Lebensgewinn der vorgestellten Religionsform liegt in der narrativen Dynamik eines Lebensentwurfs, der fern von Sicherheiten ist, aber doch eine Lebenslandschaft ungefähr abzustecken vermag, innerhalb derer sich als narrativer Körper vertrauend feiern und arbeiten, leiden und begehren lässt. Dass diese Lebenslandschaft letztlich nur eingebunden in, wie getragen durch ein Kollektiv bewohnbar ist, ist der sozialen, salutogenen Gravitationskraft des Menschlichen geschuldet. Die Religion der Immanenz Gottes in jesuanischer Tradition bietet für ein spezifisches Kollektiv ein Narrativ an, das alternativ zum herkömmlich religiösen (d.h. metaphysischen) wie zum vorherrschenden kapitalistischen Narrationsmuster die *condition humaine* weder übersteigt noch überstrapaziert. Es ist ein Kollektiv der gegenseitigen, tatsächlichen Vergebung und Herausforderung. Insofern generiert diese Religionsform ein Kollektiv im Kollektiv als ebenso offene, unsichere narrative Suchbewegung wie als provozierendes, protestierendes, weil das Menschenfreundliche begehrendes und somit be- wie entgrenzendes *mouvement*. In einem solchen Rahmen können sich Menschen in ihrer Lebenslandschaft bewegen, ohne sich auf diese zu viel einzubilden.

Entsprechung: Wo in den konventionellen Religionen eine Entsprechung zu einer letzten Wirklichkeit als Metaphysisches, Übernatürliches geglaubt und in Szene gesetzt wird, bezieht sich eine Religion der Immanenz Gottes in jesuanischer Tradition auf eine kollektiv auszuhandelnde Form Gottes als Grenze innerhalb der menschenmöglichen Möglichkeitslandschaft. Dieser Gott wird konstruiert und induziert aus der Fragwürdigkeit des Lebens und sekundiert und inspiriert durch das Immanieren in endlicherweise nicht auslotbaren Narrativen, insbesondere in jenen jesuanischen Charakters.

13. Ausblick: Religionspädagogische Landschaften

Ein Blick in die empirischen Ergebnisse in Bezug auf Jugend und Religion ist wegweisend: Werden die Jugendlichen nach Religiosität allgemein, nach der Zentralität von Religion in ihrem Leben oder nach der Relevanz des Religiösen in Bezug auf ihren Alltag gefragt, sind die Werte bei den in der christlichen Tradition (ausser bei den Freikirchen, d.h. bei der christlichen Pornographie) stehenden - nicht überraschend - äusserst tief (Morgenthaler). Es ist ganz offensichtlich: das Christliche als grosse Erzählung verfängt nicht, es bewährt sich nicht als Rahmen für die jugendlichen narrativen Körper. Es scheint, dass die Jugendlichen die postmetaphysische Wende vollzogen haben. Trotz aller empirischer Hinweise auf die Agonie des Christlichen bei den Jugendlichen im Westen Europas (insbesondere auch in der Schweiz) fehlt der Mut und regiert die Angst, die christlichen Zentralnarrationen ihres metaphysischen Anzugs zu entkleiden, Ernst zu machen mit all den exegetischen und systematischen Erträgen, welche längst die Transzendenzen in lebbare Kontingenzen in narrativer Form überführt haben.

Eine Religionspädagogik der Immanenz Gottes, in deren Zentrum das Wohlergehen des narrativen Körpers steht, muss primär die Fragen der Jugendlichen erheben. Trotz längst erfolgter sog. Subjektorientierung ist Religionspädagogik immer noch zu oft eine Veranstaltung, in der Jugendliche mit Fragen konfrontiert werden, die sie gar nie stellen würden: die Matrix des Katechismus durchzieht selbst konstruktivistisch angelegte Religionspädagogik. Dagegen ist die Fragwürdigkeit als Signatur der condition humaine zum Ausgangspunkt jeglicher religiöser Kommunikation zu machen. Was hat aber die Religionspädagogik hierbei zu bieten? Der und die Religionspädagogin muss quasi eine Inkarnation der kompostierten christlichen Bewegungen sein: er lädt ein, sie begrenzt, er schützt, sie provoziert, er vertraut. Ihr und ihm ist dies möglich, weil sie und er auf ein Reservoir an grossartiger Geschichten zurückgreifen können, die sie experimentell auf die Fragen der Jugendlichen ins Spiel bringen können: Geschichten aller Art als Begleiter der jugendlichen Bewährungssuche, der ihnen kulturell eingeschriebenen Bewältigungsaufgaben. Dabei kommt auch das spezifisch christlich Kompostierte zum Zug, je nachdem, wie gefragt wird. Insofern ist Religionspädagogik ein Immanierungsprojekt: sie spürt dem Begehren der Jugendlichen, ihrer erotischen Sehnsucht, ihren narrativen Körpern nach und verwickelt sie – wenn sie denn wollen! - in Grenzhandlungen, Grenzerfahrungen, Grenzdenkbewegungen aus dem Fundus jesuanischer (im weitesten Sinn) Traditionen.

Gleichzeitig bietet immanierende Religionspädagogik den Jugendlichen das Projekt eines zu konstituierenden Kollektivs an, in dem die Adoleszenten alternativreligiöse wie alternativkollektive Erfahrungen erschlendern, in dem sie die Doppelbewegung von Herausforderung und Vergebung experimentell an sich heranlassen können; ein Kollektiv, in dem sie seliggepriesen und narrativ zur Grenzkultur aufgefordert werden, in dem sie bisweilen lächerlich und primitiv sein dürfen, ohne mit der moralischen Keule geschlagen zu werden. Ein solches Kollektiv ist insbesondere auch diakonisch auf dem Weg, empathisch für am Wegrand liegende Opfer wie für Ausschau haltende Zachäusse (auch innerhalb des Kollektivs). Dass ein solches Kollektiv in möglichst freien Bewegungen vagabundieren sollte, lässt die Schule als Ort religiöser Kommunikation ausscheiden. Sicher, ein grundständiger Religionsunterricht an der öffentlichen Schule ist hilfreich, aber er vermag es nicht, kollektiv und rituell jene Lebenslandschaften experimentell zu durchstreifen, die schulische Grenzkultur ist zu eng.

Ziel einer solchen hier in gröbsten Umrissen abgesteckten Religionspädagogik ist es, einerseits eine Kultur der narrativ begleiteten Fragwürdigkeit zu befördern; andererseits soll diese Fragwürdigkeitskultur in eine Form ungefährer Souveränität bei den Jugendlichen münden, um den allzu grossen, weil überstrapazierenden Terminus der Autonomie zu vermeiden. Ob sich diese ungefähre Souveränität auch des jesuanisch-christlichen Narrativs und entsprechenden Kollektivs bedient, ist zweitrangig. Dieses Narrativ wird je nach Fragwürdigeit als Bewährungsmöglichkeit eingespiesen, ohne aufdringlich zu sein: *da capo*, die Jugendlichen in ihrer Fragwürdigkeit stehen im Zentrum.

Ungefähre Souveränität ist eine Form von Bildung. Dass Bildung das ist, was bleibt, wenn man alles vergessen hat (Zillessen), meint, dass die Signatur von Bildung ein immanierender Gestus ist, ein inkarniertes Narrativ, das seine eigene grossartige Geschichte innerhalb einer provisorisch abgesteckten Lebenslandschaft erzählt: als erotischer Versuch, dem sicheren Verschwinden (*Tout doit disparaître*) eine Spur narrativer Selbstwirksamkeit, eine kollektive Beheimatung und ein Begehren im Immanieren abzugewinnen: *immanence – une vie …*

Verweise

Ingo U. Dalferth, Radikale Theologie, Leipzig 2010.

Gilles Deleuze, Die Immanenz: ein Leben..., in: Friedrich Balke / Joseph Vogl (Hrsg.), Gilles Deleuze – Fluchtlinien der Philosophie, München 1996, 29-33.

Byung-Chul Han, Transparenzgesellschaft, Berlin 2012.

Bruno Latour, Jubilieren. Über religiöse Rede, Berlin 2011.

Christoph Morgenthaler et al., Wertorientierungen und Religiosität –Ihre Bedeutung für die Identitätsentwicklung und psychische Gesundheit Adoleszenter, in: http://www.nfp58.ch/files/downloads/ Schlussbericht_Morgenthaler_Kaeppler.pdf (12.12.2012).

Thomas Rentsch, Gott, Berlin 2005.

Gerd Theissen, Die Religion der ersten Christen. Eine Theorie des Urchristentums, Gütersloh 2000.

Gianni Vattimo. Jenseits des Christentums. Gibt es eine Welt ohne Gott?, München 2004.

Bernhard Waldenfels, Grundmotive einer Phänomenologie des Fremden, Frankfurt 2006.

Dietrich Zillessen, Gegenreligion. Über religiöse Bildung und experimentelle Didaktik, Münster 2004.

Songtexte

Sophie Hunger, 1983, Two Gentlemen 2010.

Kutti MC, Freischwimmer, Electric Unicorn Music 2011.

Züri West, Göteborg, SoundService 2012.

Stephan Eicher, L'envolée, Barclay 2012.

www.tredition.de

Über tredition

Der tredition Verlag wurde 2006 in Hamburg gegründet. Seitdem hat tredition Hunderte von Büchern veröffentlicht. Autoren können in wenigen leichten Schritten print-Books, e-Books und audio-Books publizieren. Der Verlag hat das Ziel, die beste und fairste Veröffentlichungsmöglichkeit für Autoren zu bieten.

tredition wurde mit der Erkenntnis gegründet, dass nur etwa jedes 200. bei Verlagen eingereichte Manuskript veröffentlicht wird. Dabei hat jedes Buch seinen Markt, also seine Leser. tredition sorgt dafür, dass für jedes Buch die Leserschaft auch erreicht wird

Autoren können das einzigartige Literatur-Netzwerk von tredition nutzen. Hier bieten zahlreiche Literatur-Partner (das sind Lektoren, Übersetzer, Hörbuchsprecher und Illustratoren) ihre Dienstleistung an, um Manuskripte zu verbessern oder die Vielfalt zu erhöhen. Autoren vereinbaren unabhängig von tredition mit Literatur-Partnern die Konditionen ihrer Zusammenarbeit und können gemeinsam am Erfolg des Buches partizipieren.

Das gesamte Verlagsprogramm von tredition ist bei allen stationären Buchhandlungen und Online-Buchhändlern wie z. B. Amazon erhältlich. e-Books stehen bei den führenden Online-Portalen (z. B. iBook-Store von Apple) zum Verkauf.

Seit 2009 bietet tredition sein Verlagskonzept auch als sogenanntes "White-Label" an. Das bedeutet, dass andere Personen oder Institutionen risikofrei und unkompliziert selbst zum Herausgeber von Büchern und Buchreihen unter eigener Marke werden können.

Mittlerweile zählen zahlreiche renommierte Unternehmen, Zeitschriften-, Zeitungs- und Buchverlage, Universitäten, Forschungseinrichtungen, Unternehmensberatungen zu den Kunden von tredition. Unter www.tredition-corporate.de bietet tredition vielfältige weitere Verlagsleistungen speziell für Geschäftskunden an.

tredition wurde mit mehreren Innovationspreisen ausgezeichnet, u. a. Webfuture Award und Innovationspreis der Buch-Digitale.

tredition ist Mitglied im Börsenverein des Deutschen Buchhandels.

Zeitfracht Medien GmbH
Ferdinand-Jühlke-Straße 7
99095 Erfurt, Deutschland
produktsicherheit@kolibri360.de